Charlotte Grossetête

Die himmlischen Freunde im Einsatz und der rätselhafte Spion

MIX
Aus verantwortungsvollen Quellen
FSC® C022120
FSC
www.fsc.org

5 4 3 2 1 25 24 23 22 21

978-3-649-63817-9

Originaltitel: Trio en quête! L'espion des neiges
ISBN 978-2-7289-2265-9
Text: Charlotte Grossetête
Illustrationen: Pauline Duhamel
Aus dem Französischen von Rosemarie Griebel-Kruip
Lektorat: Ursula Heeke
Satz: Helene Hillebrand

www.coppenrath.de

Charlotte Grossetête

Die *himmlischen* FREUNDE im Einsatz

und der rätselhafte Spion

Ein Krimi zur Erstkommunion

Aus dem Französischen von
Rosemarie Griebel-Kruip

Illustrationen von
Pauline Duhamel

COPPENRATH

Die Helden der Geschichte

Gabriel Seine große Schwäche für Leckereien ist ebenso bekannt wie sein großes Talent als Fußballspieler. Er dient nicht nur als Ministrant, sondern hat auch eine echte detektivische Begabung. Wenn er sich über etwas ärgert, ist es schwer, ihn zu beruhigen.

Raphaela Mit ihren rotblonden Haaren und ihrer fröhlichen Art fällt sie überall auf. Ihre Eltern führen eines der besten Restaurants der Stadt und sie lädt ihre Freunde so oft wie möglich dorthin ein. Sie hat zwei Schwestern, die sie sehr mag, auch wenn sie manchmal anstrengend sind.

Mikael Er ist neu in der Schule. Gabriel und Raphaela haben sich sofort mit ihm angefreundet. Seine Beine sind zwar gelähmt, dafür arbeitet sein Verstand umso flinker und er hat fast immer gute Laune. Beim Fußballspiel ist er ein absolut anerkannter Schiedsrichter.

Inhalt

Kapitel 1

Ein ganz besonderer Schiedsrichter

Die zwei Mannschaften tobten in der eiskalten Dezemberluft über den Fußballplatz. Das Spiel war an einem kritischen Punkt angekommen: 2 : 2, drei Minuten vor dem Schlusspfiff. Die Spieler der Klasse A verfolgten das gleiche Ziel wie ihre Gegner der Klasse B: Sie wollten zum Jahresende lieber einen glatten Sieg einfahren als ein Unentschieden. Also wetteiferten die beiden Gruppen mit großem Einsatz. Sie flogen nahezu hinter dem Ball her und ihre Atemstöße hinterließen weiße Dampfschwaden auf dem Platz.

Der Lehrer am Spielfeldrand fühlte sich schon halb in den Ferien. Heute war nicht er der Schiedsrichter, er vertraute voll und ganz auf Mikael, der diese Aufgabe übernommen hatte. Obwohl Mikael mit gelähmten Beinen im Rollstuhl saß, bewegte er sich schnell wie ein Pfeil. Seine kräftigen Arme brachten die Reifen des Rollstuhls mit viel Schwung zum Drehen und Kreisen. Seine Luchsaugen folgten konzentriert dem Ball und er analysierte die kleinste Reaktion der Spieler. Während der junge Schiedsrichter das Spiel überwachte, beobachtete der Lehrer den Jungen. Er bewunderte einmal mehr die Energie, über die Mikael verfügte.

Die Strahlen der Wintersonne reflektierten auf Metall. Mikael hatte sich die Pfeife zwischen die Lippen geschoben. Ein schriller Ton ließ beide Mannschaften stillstehen.

„Handspiel!“, rief Mikael. „Freistoß für die A!“

„Stimmt gar nicht!“, widersprach ein Verteidiger der B.

Aber das war der einzige Protest, den man hörte, denn die Ansagen von Mikael blieben unangefochten. Die anderen Schüler brachten sich bereits für den Freistoß in Stellung. Ein Spieler mit funkelnden Augen, mit zerrauftem braunem Haar und Wangen, die wie rote Weihnachtskugeln glänzten, trat vor. Er lächelte dem Schiedsrichter zu, als wollte er ihm sagen: Achtung, Geschenk!

„Leg los, Gabriel!“, forderte der Sportlehrer ihn auf.

In der nächsten Sekunde prallte der Ball in das gegnerische Netz. Der Torhüter schaute betrübt, er hatte den Schuss nicht abwehren können.

„3 : 2 für die A!“, verkündete der Lehrer.

Dann warf er einen Blick auf seine Armbanduhr.

„Das Spiel ist aus, ein großes Lob an alle! Gebt euch die Hand und kommt zu Tisch! Ihr habt euch wirklich eine Stärkung verdient!“

„Das ist ungerecht!“, beharrte der Verteidiger, der die Entscheidung des Schiedsrichters angezweifelt hatte. „Sie haben es doch gesehen, Herr Lehrer! Der Ball hat Augustins Hand gestreift, nicht umgekehrt!“

Gelächter tönte über das Spielfeld. Der Sportlehrer schüttelte den Kopf. Er wollte nicht zugeben, dass er das Spiel im Augenblick des Pfiffs gar nicht verfolgt hatte.

Gekränkt fuhr Julian, der Verteidiger, fort: „Alle wissen doch, dass Mikael mit Gabriel befreundet ist. Das ist ungerecht!“

Ein Mädchen aus seiner eigenen Mannschaft kam auf ihn zu.

„Lass gut sein, Julian. Oder kauf dir einfach eine Brille. Mikael täuscht sich nie.“

„Das sagst du nur, weil du auch mit ihm befreundet bist!“, wetterte Julian und warf seiner Mitspielerin einen zornigen Blick zu. „Und was kannst du schon sehen mit deinem Vorhang vor den Augen?“

Raphaela lachte hell auf und strich ihre wilden Strähnen zurück. Ihre rotblonden, vom Spiel aufgeplusterten Haare ließen ihre Sommersprossen golden leuchten. Die widerspenstigen Locken tanzten auf ihren Schultern wie Flammen eines Freudenfeuers.

„Es stimmt tatsächlich“, mischte sich Augustin ein, der ein fairer Spieler war. „Ich habe den Ball berührt.“

„Und außerdem“, meinte jetzt Mikael, „wäre dein Einwand nicht logisch. Du hast selbst gesagt, dass Raphaela meine Freundin ist, aber sie ist in der B. Dann hätte ich auch eure Mannschaft bevorzugen können.“

„Ja, aber Gabriel ist in der A, genau wie du … Du hast deine Klasse bevorzugt!“, wiederholte Julian.

Jetzt waren spöttische Buhrufe zu hören.

„Julian, ist okay jetzt!“, warf der Torhüter seiner eigenen Mannschaft ein, der Gabriel gerade sportlich abgeklatscht hatte.

Julian drehte sich um und sah, dass der Schiri ihm die Hand entgegenstreckte. Notgedrungen erwiderte er den Händedruck.

„Beim nächsten Mal übernimmst du meinen Job, wenn du möchtest“, schlug Mikael lächelnd vor.

„Nein, ist schon in Ordnung, du machst das sehr gut!“, gestand Julian ein.

„Er ist einfach ein Ass, nicht wahr?“, triumphierte Gabriel.

„Genau“, erwiderte der Torwart der geschlagenen Mannschaft nachdenklich. „Man könnte glatt vergessen, dass ...“

„... dass ich behindert bin?“, brachte Mikael verschmitzt den Satz zu Ende.

Sein Klassenkamerad schaute betreten zu Boden. Mikael reagierte sofort und erwiderte aufmunternd: „Das ist kein Schimpfwort, weißt du. Es ist einfach die Realität. Aber eines würde mir gefallen: so weit zu kommen, dass die Leute es vergessen!“

„Was das angeht, kann ich dir versichern, dass du auf dem besten Weg bist“, schaltete sich Raphaela ein und packte den Rollstuhl an den Handgriffen. „Erlaubst du mir trotzdem, dich bis zum Schulgebäude zu fahren?“

„Ja danke! Meine Arme sind nach dem Spiel schwer wie Blei.“

Wenig später drängten sich die zwei Klassen um die zusammengeschobenen Pulte, auf denen das Buffet angerichtet worden war. Fruchtsäfte und heißer Kakao flossen in Strömen. In der aufgeregten Atmosphäre des letzten Schultags vor den Ferien luden sich die Schüler die Teller randvoll mit Kuchen und Weihnachtsgebäck.

„Wo sind die Kekse von Raphaelas Eltern?“, fragte Gabriel mit lauter Stimme, um den Radau zu übertönen. „Mikael sucht sie.“

Man zeigte ihm eine leere Servierplatte mit etwas Puderzuckerstaub und ein paar Restkrümeln.

„Gefräßige Bande!“, scherzte Mikael.

„Es gab zu wenige“, rechtfertigte sich Antonin mit vollem Mund. „Es ist doch jedes Mal das Gleiche: Sobald Raphaela etwas zu essen mitbringt, ist der Teller in zwei Sekunden leer.“

Raphaela lächelte. Ihren Eltern gehörte *Der Goldene Schlüssel,* das beste Restaurant im Ort. Seit sie es im letzten Sommer übernommen hatten, kamen viele Gäste sogar von weit her.

„Trotzdem blöd von uns“, entschuldigte sich Julian. „Wir hätten ja daran denken können, dir vorher etwas davon anzubieten.“

„Das macht nichts“, beruhigte ihn Mikael, „es gibt bestimmt noch genug Gelegenheiten.“

Er wollte nicht damit angeben, zusammen mit Gabriel Stammgast im *Goldenen Schlüssel* zu sein. Da sie mit Raphaela befreundet waren, durften sie häufig dort tafeln. Mittlerweile kannten die Jungen die Dessertkarte besser als die Landkarte von Frankreich. Wie oft schon hatten sie mit Raphaela und ihren beiden Schwestern dort gegessen, bevor das Restaurant für die Gäste geöffnet wurde!

„Wenn Raphaela im neuen Jahr den Dreikönigskuchen mitbringt, werdet ihr mir das größte Stück abschneiden, damit ich euch vergebe, einverstanden?“, schlug Mikael mit einem Augenzwinkern vor.

„Probier doch mal von meinem selbst gemachten Joghurtkuchen“, sagte Gabriel und reichte ihm voller Stolz einen Teller.

„Äh ... nein ... danke ... Eigentlich habe ich keinen Hunger mehr“, antwortete sein Freund heuchlerisch.

„Wer’s glaubt ...“, grummelte Gabriel und genehmigte sich selbst ein Stück.

„Okay, ich teste mal.“ Mikael nahm den Teller.

In diesem Augenblick kam die Direktorin herein. Sie schaute sich kurz um und war angetan von der fröhlichen Stimmung. Dann klatschte sie in die Hände, damit Ruhe einkehrte.

„Guten Appetit!“, sagte sie zu Beginn.

„Möchten Sie etwas von diesem köstlichen Kuchen, den Gabriel gebacken hat?“ Mikael hielt ihr seinen Teller hin.

Die Direktorin lächelte. „Ich muss auf meine Figur achten. Und dann seid ihr auch noch die letzten Klassen, die ich besuche. Kein Krümelchen könnte ich mehr hinunterbringen! ... ich wollte euch nur gratulieren. Ihr seid zwei Musterklassen, weil ihr euch so gut versteht. Dafür möchte ich mich bei euch und euren Lehrerinnen bedanken.“

Beide Lehrerinnen nickten zustimmend und Frau Laurin, die Klassenlehrerin der A, ergänzte: „Ich kann wirklich auf eine lange Erfahrung zurückblicken. Und ich habe wunderbare Klassen in diesen vier Wänden unterrichtet, aber ihr seid die angenehmste. Das hat gar nichts mit mir zu tun! Meine Schülerinnen und Schüler können sich bei mir bedanken, wenn sie den Dreisatz verstanden haben oder keine Rechtschreibfehler machen. Doch für die schöne Atmosphäre möchte ich mich bei euch bedanken. Ihr bekommt alle eine Eins in Betragen!“

Nach so vielen Komplimenten hatte sich das Stimmengewirr beruhigt und die Direktorin konnte nun leiser fortfahren: „Liebe Kinder, ihr habt euch die Ferien wirklich verdient. Ich wünsche frohe Weihnachten und schon jetzt ein gutes neues Jahr für euch und eure Familien."

„Vielen Dank, Ihnen auch!", schallte es im lauten Chor zurück.

„Im neuen Jahr erwartet euch übrigens eine Überraschung ..." Die Direktorin machte eine kleine Spannungspause, bevor sie weiterredete.

„Zu Schulbeginn bekommen wir einen neuen Schüler. Bitte nehmt ihn herzlich auf! Der Junge heißt Viktor und er wird nur vorübergehend bei uns an der Schule bleiben. Er muss ein paar Monate lang bei seinen Großeltern wohnen. Eure Freundschaft und euer Entgegenkommen werden wichtig für ihn sein!"

Die Schüler hatten aufgehört zu essen, um besser zuhören zu können.

„In welche Klasse kommt er denn?", fragte Gabriel.

„In deine, in die A", sagte die Direktorin und drehte sich zu ihm um.

„Eine Klasse mit legendärer Gastfreundschaft", gab Mikael grinsend zum Besten.

„Nicht wahr?“, bekräftigte die Direktorin und sah dem Jungen in die Augen.

Mikael nickte. Schon damals, bei seiner Ankunft im September, war er sehr gut aufgenommen worden. Und bereits nach wenigen Monaten hatte er eine so enge Beziehung zu Raphaela und Gabriel geknüpft, dass man sie nur noch „das Trio“ nannte. Aber auch die übrigen Mitschüler waren einfach nett zu ihm: rücksichtsvoll, ohne ihn ständig an seine Behinderung zu erinnern.

„Also dann ... schöne Ferien ... und ... wenn doch nur schon wieder Schulanfang wäre!“

„Machst du Witze?“

Nach Schulschluss hatten Gabriel und Mikael Raphaela bis nach Hause begleitet.

„Ich mache keine Witze“, erwiderte Gabriel. „Ich möchte euch nur gerne bald wiedersehen. Zum ersten Mal fahrt ihr alle beide weg, ihr Verräter! An Allerheiligen haben wir die Ferien zusammen verbracht, das war lustiger.“

„Deine Eltern werden sich an Weihnachten doch bestimmt auch ein paar Tage freinehmen, oder?“, erkundigte sich Mikael.

„Nur an Weihnachten und Neujahr. Den Apotheken fehlt es während der Festtage nicht an Kundschaft. Das geht von der Grippe bis zur Magenverstimmung ...“

Gabriel seufzte, als er sich die langweiligen Tage vorstellte, die er allein zu Hause verbringen würde.

„Seid ihr sicher, dass ihr nicht hereinkommen wollt?“, fragte Raphaela. „Wir könnten zusammen zu Abend essen.“

Sie spürte, dass Gabriel deprimiert war. Seitdem sie ihn vor vier Monaten kennengelernt hatte, wusste sie aber auch, dass sich seine Laune nach einem leckeren Essen schnell besserte. Raphaela war immer wieder verblüfft, welche Berge an Essen er vertilgen konnte. Aber Gabriel schüttelte fast angewidert den Kopf. Das Abschlussessen in der Schule hatte sogar seinen Magen überstrapaziert.

„Außerdem ... musst du doch heute Abend deinen Koffer packen“, sagte er noch.

„Das ist wahr.“

Kapitel 2
Ein Brief ohne Absender

„Hallo, ihr drei. Hattet ihr schöne Ferien?"

„Hallo, Augustin", erwiderte das Trio einstimmig beim Betreten des Schulgebäudes. „Frohes neues Jahr!"

„Es fängt schlecht an", murmelte Augustin düster.

Die drei Freunde waren erstaunt über ihren gereizten Mitschüler. Offenbar hatte er bereits an der Tür auf sie gewartet.

„Was ist denn los?", fragte Gabriel.

Augustin wies mit einer Kinnbewegung auf den Pausenhof, wo viele Schüler lärmten.

„Der Neue! Ihr werdet schon sehen ..."

„Ach ja, der Neue!", rief Raphaela. „Heißt er nicht Viktor?"

„Genau, Viktor. Aber Vorsicht, er beißt!“, warnte Augustin mit verkniffener Miene.

„Wie bitte?“

„Nicht mit den Zähnen. Im übertragenen Sinn. Aber es tut trotzdem weh. Mehrere von uns haben versucht, mit ihm zu reden. Mit ihm ist nicht gut Kirschen essen.“

„Die Direktorin hat gesagt, er sei in einer schwierigen Situation.“

„Das heißt aber nicht, dass wir darunter leiden müssen“, meinte Augustin. „Vor allem, wenn man nett zu ihm sein will.“

„Wo ist er denn?“, fragte Raphaela.

Augustin drehte sich um und suchte langsam den Schulhof ab.

„Er lehnt dort an einem Pfeiler im Innenhof, hat sich die ganze Zeit nicht vom Fleck gerührt. Dabei ist es ziemlich kalt!“

„Wir werden sehen, was wir machen können“, erklärte Gabriel mit dem siegessicheren Lächeln eines Helden.

„Viel Glück!“, entgegnete Augustin. „Was ist das eigentlich?“, wandte er sich dann an Raphaela. Sie hielt ein großes, in Alufolie gewickeltes Paket in der Hand.

„Na, der Dreikönigskuchen“, sagte sie lächelnd. „Die Lehrerin hat mich gebeten, ihn für die erste Pause mitzubringen.“

Dieser französische Brauch, am Dreikönigstag miteinander einen Kuchen zu essen, in dem eine kleine Figur eingebacken war, die man „Bohne“ nannte, wurde in der Schule jedes Jahr zelebriert. Wer die „Bohne“ in seinem Kuchenstück fand, war für einen ganzen Tag der „König“.

Augustins Stimmung schien blitzartig in gute Laune umzuschlagen.

„Haben deine Eltern den Kuchen gebacken?“

„Klar! Er ist noch warm.“

„Hmmm!“ Augustin leckte sich genießerisch die Lippen, Gabriel und Mikael ebenfalls.

„Wenn wir damit nicht den schrecklichen Viktor besänftigen ...“, kicherte Raphaela.

„... dann gehört er in die Kategorie hoffnungsloser Fall!“, war Gabriels Kommentar.

Die Schulglocke ertönte, und die Lehrerinnen klatschten in die Hände, damit sich die Schüler versammelten. Gabriel, Raphaela und Mikael stellten sich in ihre Klassenreihe. Auch Viktor löste sich langsam von seinem Pfeiler und überquerte den Hof. Die drei Freunde warteten, bis er bei ihnen angelangt war.

„Hallo!“, sagte Gabriel und streckte ihm die Hand entgegen. „Ich heiße Gabriel und hier stelle ich dir Rapha...“

Aber Viktor lief an dem Trio vorbei. Er beachtete weder die ausgestreckte Hand noch die drei Schüler, stellte sich am Ende der Reihe an und starrte auf den Boden, als wolle er die Schneeflocken zählen, die lautlos auf den schwarzen Asphalt schwebten.

„Er hat dich sicher nicht gehört ...“, flüsterte Raphaela ihrem fassungslosen Freund zu. „Also dann, bis später. Wir sehen uns in der Pause, wenn der Dreikönigskuchen aufgeteilt wird!“

Sie reihte sich mit ihrem nach Marzipan duftenden Paket in ihrer Klasse ein und wurde dort voller Vorfreude begrüßt.

Die beiden Klassen marschierten los, Gabriel war an Mikaels Seite. Er wagte nicht, sich umzudrehen, um zu sehen, wer sich neben den Neuen gestellt hatte.

„Augustin!“, rief die Lehrerin. „Komm doch bitte zu Viktor, anstatt hinter ihm herzulaufen! Das wäre gastfreundlicher, oder?“

Gabriel und Mikael zogen vielsagend die Augenbrauen hoch. Sie konnten sich Augustins Gesichtsausdruck nach dieser Aufforderung gut vorstellen.

Im Klassenzimmer richtete die Lehrerin ein paar nette Begrüßungsworte an Viktor. Der murmelte ein Dankeschön, ohne seine Mitschüler anzuschauen. Gabriel und Mikael schoben diese Reaktion auf seine Schüchternheit. Dann begann die Mathestunde und die Kinder beugten sich über ihre Hefte.

Schneeregen prasselte an die Fenster des Klassenzimmers, als es zur Pause läutete. Frau Laurin öffnete das Fenster, um es sofort wieder zu schließen: Die Kälte war schneidend und der Nordwind ließ die an die Wand gepinnten Plakate flattern.

„Gabriel, sag bitte der B, dass sie mit dem Kuchen in unser Klassenzimmer kommen soll. Bei diesem Wetter schickt man ja keinen Hund vor die Tür."

Zwei Minuten später erzitterte der Flur unter dem Getrappel der Eingeladenen. Raphaela mit ihrem XXL-Kuchen kam als Erste herein.

Mathilde, die Kleinste der Klasse, setzte sich unter den Schreibtisch der Lehrerin, um von dort die Namen der Schüler aufzurufen, während Raphaela auf der Tischplatte darüber den Kuchen anschnitt. Die beiden Mädchen flüsterten kurz miteinander, dann legte Mathilde los.

„Romeo!"

Ein großer Blonder trat vor und nahm das Stück Kuchen, das Raphaela ihm reichte. Er hielt seine Nase ganz nah dran, was die anderen kichernd kommentierten.

„Vorsicht! Deine Nase bleibt kleben!"

„Kannst du die Bohne riechen?"

„Claire!", fuhr Mathilde unbeeindruckt fort.

Anne war die Nächste.

„Viktor!"

Der Neue holte sein Stück ab und bedankte sich bei Raphaela.

Na also, sagte sie sich, er ist weder stumm noch unhöflich.

Die Schüler hatten kaum mit dem Essen begonnen, als Gabriel rief: „Mikael hat die Bohne!"

Dieser hielt stolz die vorgefundene kleine Figur hoch. Die anderen applaudierten. Aber der Beifall hatte sich noch nicht gelegt, als eine Stimme losschimpfte: „Das ist unfair! Ich habe alles gesehen. Raphaela hat mit dem Fuß geklopft, als sie das Stück mit der

Bohne weitergab. Sie hat die Figur natürlich beim Durchschneiden bemerkt, das war das Zeichen ... und Mathilde hat dann natürlich ganz zufällig den Behinderten ausgewählt!"

Eine knisternde Stille breitete sich aus. Alle schauten Viktor an.

„Was denn? Ist doch wahr! Bevorzugung gilt nicht! Außerdem, habt ihr schon mal einen König im Rollstuhl gesehen?"

In der nächsten Sekunde mussten die Lehrerinnen Viktor vor Gabriel schützen, der sich mit erhobenen Fäusten auf ihn stürzen wollte.

Frau Laurin sagte mit ruhiger Stimme: „Viktor, ich nehme an, du wolltest uns deine detektivische Begabung vorführen. Eine Begabung, die wir in unseren Klassen zu schätzen wissen, und gewisse Ermittler haben da schon einiges geleistet ..." Sie wandte sich an Gabriel und Raphaela, die vor Empörung und Aufregung ganz rote Wangen bekamen.

„Nur hast du dich gerade ziemlich unglücklich ausgedrückt. Das war sicher nicht deine Absicht. Bitte entschuldige dich bei Mikael!"

Viktor hielt ihrem Blick stand. Die ganze Klasse war wie versteinert und wartete auf die Antwort des Neuen.

„'tschuldigung", nuschelte er endlich mit einem dummdreisten Grinsen, das seiner Aussage widersprach.

An diesem Abend kam Gabriel ziemlich schlecht gelaunt nach Hause. Seine Mutter ahnte bereits an der Art, wie ihr Sohn die Haustür zuschlug, dass etwas nicht stimmte.

„Was ist los, Gabriel?"

Zunächst sagte Gabriel keinen Ton, aber dann brach es aus ihm heraus und er berichtete wütend von der Ankunft des Neuen in der Klasse.

„Meinst du Viktor?", fragte seine Mutter.

„Ja. Woher kennst du denn seinen Namen?", wollte er wissen.

„Du hast ihn am ersten Ferientag erwähnt. Die Direktorin hatte von dem Jungen gesprochen. Dieser Viktor ist also nicht so sympathisch?"

Gabriel schüttelte heftig den Kopf.

„Dabei haben wir uns wirklich bemüht!", schimpfte er. „Mittags ist er sogar in den *Goldenen Schlüssel* zum Essen mitgegangen. Raphaela hatte ihn eingeladen!"

„Und dann?"

„Er hat sich benommen, als würde er in der Schulkantine essen. Immerhin mochte er den Nachtisch. Da bediente er sich wirklich ausgiebig. Aber er hat alles nur in sich hineingestopft, ohne ein Wort zu verlieren und ohne uns anzuschauen."

„Es geht ihm nicht gut, weißt du", wandte seine Mutter ein. „Er muss übergangsweise bei seinen Großeltern wohnen und das ist sicher alles schwierig für ihn."

„Und für uns ist es einfach?", brüllte Gabriel empört und stampfte zornig in sein Zimmer. Die Hand auf dem Türgriff, drehte er sich noch einmal um.

„Mikael, ein Behinderter? Viktor ist der Behinderte! Ihm fehlt etwas Entscheidendes: Er hat kein Herz!"

Die Tür knallte zu und die Mutter stand einen Augenblick still vor seinem Zimmer. Dann klopfte sie vorsichtig und sagte leise: „Gabriel? Nicolas hat vorhin angerufen."

Sofort flog die Tür wieder auf.

„Mein Pate Nicolas?"

„Ja. Er wollte dir ein gutes neues Jahr wünschen und ein bisschen mit dir reden ..."

„Kann ich ihn zurückrufen?"

Gabriel mochte seinen Paten sehr. Er war ein alter Freund seiner Eltern, oder besser gesagt, ein langjähriger Freund, denn alt war er überhaupt nicht. Obwohl

Gabriel ein guter Sportler war, hatte er es noch nie geschafft, ihn beim Laufen, beim Ballspiel oder Tischtennis zu schlagen.

Seine Mutter lächelte. Sie wusste, dass ein Gespräch mit Nicolas ihren Sohn beruhigen würde.

„Ja, aber beeil dich, er muss heute noch verreisen!“, mahnte sie.

Gabriel ließ sich das nicht zweimal sagen. Er griff gleich zum Telefon und machte seinem Herzen Luft, erzählte vom ersten Schultag und von der Enttäuschung über den fürchterlichen neuen Mitschüler. Am Schluss kam er noch auf die Februarferien zu sprechen: Die dritte Klasse würde für fünf Tage nach Les Carroz am Mont Blanc in die Skifreizeit fahren.

„Wetten, dass ich nach einer Woche dort besser Ski fahren kann als du!“, behauptete er am Ende.

Nach dem Telefonat war Gabriel wieder versöhnt mit seinem Leben. Außerdem freute er sich wie verrückt darauf, in einem Monat die Pisten hinunterzusausen. Mikael würde auch mitkommen und auf einem Bi-Ski, einem auf Skiern montierten Sitz, fahren. Für ihn war das nicht das erste Mal: Er hatte bereits mit seiner Familie Erfahrung in dieser besonderen Art des Abfahrtskis gesammelt. Das versprach, eine schöne Zeit zu werden. Als Gabriel schlafen ging, war aller Ärger vergessen.

Leider war das nur von kurzer Dauer, denn am nächsten Morgen um 8 Uhr 30 traf das Trio wieder auf Viktor. Nachdem dieser nun das Schulgebäude kannte, führte er sich auf, als wäre er der Hausherr. Er war wortkarg, gab nur ab und zu irgendeine abfällige Bemerkung von sich, und man hatte den Eindruck, dass ihm die schöne Atmosphäre, die in den Klassen herrschte, unerträglich war. Er hüllte sich meist in hochmütiges Schweigen.

An den folgenden Tagen spürten die Lehrerinnen einen Stimmungswechsel in den Klassen, dem sie machtlos gegenüberstanden. Die Schüler hielten zwar weiterhin zusammen, allerdings alle gegen Viktor, und diese gegenseitige Feindseligkeit verschlechterte das Klassenklima enorm. Sollte man die Schüler bestrafen, weil sie den Neuen zum Sündenbock machten, oder sollte man sich Viktor vorknöpfen, weil er sich unmöglich gegenüber der Klasse und vor allem gegenüber Mikael benommen hatte? Viktor war schlau genug, sich vor den Lehrerinnen zurückzuhalten. Er riskierte keine Rüge mehr, aber seine abwertenden Blicke waren vielsagend.

Am letzten Sonntag vor den Skiferien stürmte Gabriel in die Sakristei, als Pfarrer Elmont schon seine Hand am Klingelzug hatte, um den Beginn der Messe einzuläuten.

„Ah, da bist du ja!", seufzte der Pfarrer erleichtert. „Ich dachte schon, du schwänzt den Gottesdienst."

„Guten Morgen, Herr Pfarrer, Entschuldigung, ich hab verschlafen!"

„Das kommt vor. Zieh dich schnell um, ich warte auf dich."

Gabriel stürzte zum Wandschrank und griff nach dem liturgischen Gewand. Da fiel ein Briefumschlag zu Boden. Gabriel hob ihn auf. In schönster Schrift las er darauf seinen eigenen Namen und die von Raphaela und Mikael.

„Was soll das denn?", murmelte Gabriel verblüfft. „Wer hat den Brief hinterlegt? Sieht aus wie die Schrift meiner Lehrerin ..."

„Äh ...", räusperte sich Pfarrer Elmont, „das ist vielleicht nicht der beste Moment, um deine Post zu öffnen. Schau dir das bitte später an, einverstanden?"

„Natürlich", erwiderte Gabriel, faltete den Umschlag und steckte ihn in seine Albe. Die kleine Glocke ertönte und der Ministrant folgte dem Pfarrer in den Altarraum.

Gabriel verbrachte die gesamte Messe mit Gebeten für Viktor. Genauer gesagt, betete er inständig darum, dass in der kommenden Woche eine spektakuläre Magen-Darm-Grippe Viktor daran hindern möge, zum Skifahren mitzukommen. Denn eines war sicher: Viktor würde sich nicht so schnell ändern. Und selbst wenn Gott allmächtig war, wäre es sicherlich einfacher, Viktor krank als liebenswert werden zu lassen.

Die Messe dauerte über eine Stunde, da sich eine Taufe anschloss. Raphaela und Mikael warteten schon vor der Sakristei auf Gabriel.

„Beeil dich", sagte Raphaela, „sonst haben wir keine Zeit mehr für den Nachtisch, bevor die ersten Gäste kommen."

Keinen Nachtisch und Viktor in der Klasse waren einfach zu viele Prüfungen auf einmal. Gabriel hing eilig sein Gewand in den Schrank. Dabei erinnerte er sich wieder an den eingesteckten Brief, aber der musste immer noch warten.

Nachdem sie endlich alle zusammen im Restaurant

saßen, zeigte Gabriel seinen Freunden den Umschlag mit ihren Namen. Unter ihren neugierigen Blicken zog er ein DIN-A4-Blatt heraus und faltete es auseinander.

Auch wenn ihr es nicht glaubt, Viktor kann
euer Freund werden. Nutzt die Gelegenheit,
in den Skiferien die Friedenspfeife zu rauchen.
Ein Kalumet hat schon oft geholfen.

Gabriel hätte sich fast an seinem Brot verschluckt. Mikael und Raphael schauten verdutzt.

„Das ist die Schrift unserer Lehrerin!“, bemerkte Mikael.

Gabriel nickte und trank ein Glas Wasser, um die Krümel in seiner Kehle wegzuspülen. Dann rief er: „Warum sagte sie uns das nicht in der Schule?“

„Sie wollte nicht, dass du einen Hustenanfall kriegst“, lästerte Raphaela.

„Du hast diesen Brief in der Sakristei gefunden?“, fragte Mikael. „Frau Laurin war gar nicht in der Kirche. Sie geht nie in die Messe.“

„Sie wohnt in einer anderen Stadt“, erwiderte Gabriel. „Aber seit unserem letzten Abenteuer weiß sie, dass ich hier Ministrant bin.“

„Aber warum hat sie eine so komplizierte Lösung gesucht? Sie hätte den Brief einfach in deine oder unsere Schultaschen schieben können."

„Ich weiß genau, warum!", schimpfte Gabriel los. „Sie hat gedacht, wenn sie mir die Nachricht in der Kirche zukommen lässt, dann hat das mehr Gewicht. ‚Liebt euren Nächsten' und so ...! Aber Viktor ist nicht mein Nächster und ich kann ihn nicht lieben!"

„Jetzt steigerst du dich aber ganz schön rein", widersprach Raphaela. „Ich bin mir sicher ... na ja ... es muss doch eine Möglichkeit geben, an ihn heranzukommen. Ich meine ... Viktor wirkt verschlossen ... blockiert, man muss nur den Zugangsschlüssel finden ..."

„Das hört sich schön an", seufzte Mikael, „aber ich sehe das eher wie Gabriel. Er hat einen harten Panzer, der gute Viktor."

„Wirst du Frau Laurin antworten?", fragte Raphaela.

„Nein!", erwiderte Gabriel verstimmt. „Ich werde ihren Brief nicht einmal erwähnen. Sie wird nie erfahren, ob ich ihn gefunden habe oder nicht. Und was die Friedenspfeife angeht, sollte sie auch nicht auf mich zählen. Mir ist nämlich eher danach, das Kriegsbeil auszugraben!"

Kapitel 3
Große Aufregung auf der Piste

Es sah aus wie auf den Werbefotos! Aber in Wirklichkeit war es noch viel besser. Die Schüler der beiden Parallelklassen standen vor der leise brummenden Liftanlage und warteten in der frischen Bergluft auf Mikael. Der letzte Buckel vor der Ankunft versperrte den Blick auf die hochsteigenden Sessellifte. Vier leere Sitze kamen hintereinander. Mikael hatte offenbar Probleme mit dem Einsteigen gehabt. Hoffentlich hatte er sich nicht wehgetan.

„Und wenn er gestürzt ist?“, flüsterte Raphaela.

„Unmöglich. Sie hätten den Lift gestoppt. Außerdem weißt du doch, dass Mikael seit seinem sechsten Lebensjahr Ski fährt. Er kennt sich damit aus.“

Trotz dieser beruhigenden Worte waren alle angespannt, außer Viktor, der wie immer unbeteiligt schaute und die Lippen zusammenpresste. Um ihn nicht ständig vor Augen zu haben, gingen Raphaela und Gabriel ein paar Schritte zur Seite und genossen die Aussicht: Eine verschneite Bergkette glitzerte unter blauem Himmel. Der majestätische Mont Blanc beherrschte alle seine Nachbarn; ein paar milchige Wolken hingen an seinem Gipfel.

„Ein fünfzigstimmiges „Bravo!" war zu hören. Gabriel und Raphaela drehten sich zum Lift, den Mikael gerade verließ.

„Wie ist es gelaufen?", fragte Frau Caban, die Lehrerin der B.

Der Skilehrer antwortete für seinen Schüler: „Er kommt bestens klar, dieser junge Mann! Ich habe wirklich selten erlebt, dass ein Junge so viel Kraft in den Armen hat."

„War der Einstieg schwierig?"

„Überhaupt nicht. Aber er nutzt dieses Ski-Modell zum ersten Mal. Er musste kurz üben, um zu verstehen, wie das System funktioniert. Der Sitz lässt sich in den Sessellift einhängen."

Die beiden Klassen applaudierten.

„Die B-Klasse zu mir!“, rief ein Skilehrer. „Ihr folgt meinen Schwüngen. Eure Lehrerin fährt als Letzte.“

„Dasselbe gilt für die Klasse A!“, meldete sich der andere Skilehrer. „Mikael und sein Betreuer fahren uns voraus.“

Es folgte ein lebhaftes Hin und Her. Gabriel und Raphaela standen nebeneinander, jeder am Ende seiner Reihe. Von hier aus konnten sie Mikaels Abfahrt gut verfolgen. Gabriel bemerkte, dass Viktor seine Mitschüler anrempelte, um sich direkt hinter dem Skilehrer und Mikael einzureihen. Er behauptete, der beste Skifahrer der Schule zu sein, und offensichtlich ging er davon aus, dass ihm deshalb der vorderste Platz zustand.

„Angeber!“, maulte Gabriel. „Hast du das gesehen, Raphaela?“ Aber seine Freundin war abgelenkt. Sie schaute verstohlen zu einem Mann, der am Eingangsbereich des Skiliftes an einem Pfosten lehnte.

„Er beobachtet uns schon die ganze Zeit“, flüsterte Raphaela. „Das ist eigenartig!“

Gabriel lachte auf.

„Was ist schon dabei, wenn sich jemand nach einer Gruppe von fünfzig kreischenden Kindern umdreht?“

„Er hat nicht die Klasse im Blick, sondern uns beide.

Als wir uns kurz von der Gruppe entfernten, hat er uns nachgeschaut. Ich hab's genau gesehen!"

„Ich hatte dir gleich abgeraten, einen neon-orangefarbenen Helm zu wählen", spottete Gabriel. „Du steckst damit die Piste in Brand und ziehst alle Blicke auf dich!"

Als der Mann bemerkte, dass ihn die zwei Kinder anstarrten, winkte er flüchtig mit der Hand.

„Komisch, man könnte meinen, er kennt uns", sagte Raphaela.

Der Fremde hatte sich inzwischen abgewandt und fixierte Viktor, der sich an seinem Platz aufspielte. Gabriel nutzte die Gelegenheit, um den Unbekannten zu mustern. Er war mittelgroß und eher stämmig. Sein gebräuntes Gesicht zeigte den Abdruck einer Sonnenbrille. Der Angestellte des Skilifts rief ihm offenbar etwas Scherzhaftes zu, denn er reagierte mit einem schallenden Gelächter. Eigentlich sah er eher sympathisch aus, aber jetzt hatte er schon wieder Gabriel und Raphaela im Visier. Die beiden begannen, sich unwohl zu fühlen.

„Er ist ein Pistenwart", erklärte Gabriel seiner Freundin.

„Was ist ein Pistenwart?", fragte Raphaela.

„Jemand, der sich um die Instandhaltung der Piste kümmert, zum Beispiel um die Markierungen und das Rettungswesen. Es kommt ja vor, dass ein Verletzter auf einem Schlitten ins Tal gebracht werden muss."

„Woran erkennst du das?"

„Ich kann das Logo der Station auf seinem Anorak sehen."

„Jetzt beobachtet er Mikael."

„Das ist aber nichts Besonderes. Er bewundert ihn. Schau doch, wie meisterhaft sich unser Freund ins Zeug legt!"

Tatsächlich war Mikael gestartet. Sein Lehrer, der zwanzig Meter tiefer mitten auf der Piste stand, hatte ihm ein Zeichen gegeben. Mikael glitt los, vollführte unter Einsatz seiner Stöcke eine tadellose Kurve und kam fehlerfrei auf dem knirschenden Schnee neben seinem Trainer zu stehen.

„Wenn einer die Gruppe ausbremst, dann sicher nicht Mikael!", jubelte sein Skilehrer begeistert.

Wenige Sekunden später startete Viktor. Nach einem gekonnt inszenierten Schwung bremste er scharf neben Mikael und schleuderte ihm dabei eine Ladung Schnee ins Gesicht.

„Dieser junge Mann muss noch lernen anzuhalten,

ohne seine Nachbarn zu belästigen", kommentierte der Trainer mit donnernder Stimme.

Raphaela und Gabriel grinsten, als ihr Feind Nummer 1 nach dieser Kritik wie ein beleidigter Gockel das Kinn herausstreckte. Auch der Pistenwart hatte die Szene mit undurchdringlicher Miene verfolgt.

Bald waren alle Schüler auf der Piste unterwegs, in mehr oder weniger regelmäßigen Zickzackbewegungen. Ab und zu gab es einen Sturz oder ein Anfänger traute sich nicht loszufahren. Gabriel war direkt vor Frau Laurin.

Als sie kurz nebeneinanderstanden, fragte die Lehrerin: „Und, Gabriel, ist es nicht schön hier?"

„Oh ja!", erwiderte er. „Aber wissen Sie, Friedenspfeifen findet man eher in den Appalachen von Nordamerika als hier in den Alpen!"

Die Lehrerin schaute ihn verdutzt an. Sie war wirklich eine gute Schauspielerin und tat so, als würde sie seine Andeutung nicht verstehen.

Der Vormittag verlief ohne Probleme: Der Schnee war wunderbar und die allgemeine Stimmung noch besser, sodass Viktor es nicht mehr wagte, eine dumme Bemerkung zu machen.

Während der Mittagspause verschlechterte sich dann das Wetter: Die Wolken um den Mont Blanc hatten sich aufgetürmt und über den ganzen Himmel verteilt. Im fahlen Licht der bedeckten Sonne waren die Hügel der Buckelpiste nicht mehr so klar zu erkennen.

„Bei diesen Lichtverhältnissen wird es heute Nachmittag schwieriger", warnten die Skilehrer.

Doch diese Nachricht minderte die Begeisterung der Schüler kaum. Nachdem sie ihre belegten Brote verschlungen hatten, waren sie nicht mehr zu bremsen. Die Lehrer hatten die Klassen inzwischen in drei unterschiedliche Gruppen eingeteilt. Das Trio freute sich, zu den besten Skifahrern zu zählen. Viktor gehörte auch dazu.

„Nichts ist perfekt!", murmelte Gabriel.

Aber ihr Feind hielt Abstand zu ihnen. Der Kommentar des Lehrers am Vormittag hatte gewirkt und Viktors überhebliches Auftreten an diesem Tag gestoppt.

Die Gruppe hatte die Gondel genommen, um weiter nach oben zu fahren, und nach ihrer Ankunft schnallten sich alle ihre Skier an. Gabriel sah einen Trupp blau gekleideter Männer, die sich außerhalb der Pisten an einem großen Schneehaufen zu schaffen machten. Offenbar war eine Lawine abgegangen.

„Was suchen die da?“, fragte Gabriel seinen Skilehrer und zeigte auf die Männer mit den Schaufeln.

Piep-Geräusche und verzerrte Stimmen aus Funkgeräten drangen ebenso zu ihnen wie Gejaule und Gebell. Jetzt konnte man erkennen, dass Hunde ihre Köpfe in die von den Männern gegrabenen Löcher steckten.

„Das ist die Bergpolizei!“, erklärte der Lehrer. „Sieht so aus, als suchten sie jemanden, der unter der Lawine verschüttet ist. Vielleicht sollten wir hinaufgehen und beim Graben helfen. Um ein Leben zu retten, zählt hier jede Sekunde.“

Die Kinder wollten sofort losstürmen. Raphaela und Gabriel stellten sich hinter Mikael, um ihn anzuschieben, als Gabriel plötzlich stutzte.

„Schon wieder er!“, presste er zwischen den Zähnen hervor.

„Wer?“, fragte Mikael leise zurück.

„Erzählen wir dir später. Schau mal, er beobachtet uns, anstatt zu graben ...“

Tatsächlich schaute der Pistenwart zu ihnen herunter. Mikael war der Einzige, der ihm zulächelte. Die anderen verzogen keine Miene. Ein Mann aus dem Team der Bergpolizei zerrte gerade einen Skischuh aus dem Schnee und grub ganz vorsichtig weiter, um dem Verunglückten nicht die Schaufel ins Bein zu stoßen. Währenddessen stand der sogenannte Pistenwart mit verschränkten Armen daneben und bespitzelte die Kinder.

„Brauchen Sie Hilfe?“, rief der Skilehrer dem Mann zu, der die Rettungsaktion leitete.

„Nein danke!“, erwiderte der. „Keine Angst, dass ist nur eine Puppe mit einem Ortungsgerät ... Wir machen eine Übung ...“

Die Schüler atmeten erleichtert auf, und Gabriel verstand, warum der Pistenwart so unbeteiligt gewirkt hatte. Aber welches Interesse hatte dieser Mann an ihnen?

„Hallo noch mal“, grüßte der Fremde jetzt die drei Kinder.

„Hallo“, erwiderte Gabriel mit eisiger Stimme. „Kennen wir uns?“

„Nein“, sagte der Pistenwart. „Wie kommst du darauf? Habt ihr mich schon mal irgendwo gesehen?“

„Überhaupt nicht. Aber Sie scheinen uns zu kennen, weil Sie uns ansprechen.“

„Das ist in den Bergen so üblich. Wenn man jemandem begegnet, grüßt man ihn.“

Gabriel und Raphaela hätten den Pistenwart gerne

gefragt, warum er sie dann so anstarrte. Aber sie hielten sich lieber zurück.

„Habt ihr den Hund gesehen?“, rief Mikael plötzlich und zeigte auf einen der Lawinenhunde, der sich von der Gruppe entfernt in den Schnee gesetzt hatte und herzzerreißend jaulte. „Ist er verletzt?“

Der Pistenwart wusste Bescheid.

„Das ist eine Hündin, ein Border Collie, und sie ist eine der besten unter den Lawinensuchhunden.“

„Was hat sie denn?“, wollte Raphaela beunruhigt wissen.

„Sie hat gestern ihren Welpen verloren.“

„Ist er tot?“

Ein Mann von der Bergpolizei, der ihr Gespräch mitgehört hatte, setzte sich neben den Hund und kraulte ihn.

„Er wird vermisst. Für einen kleinen Welpen in dieser Höhe und in fremder Umgebung bedeutet das wahrscheinlich, dass er tot ist. Es ist dort oben auf dem *Désert de Platé* passiert“, ergänzte er und zeigte auf eine der Hochebenen vor den weiß verschneiten Hängen.

„Wir hatten eine Übung wie heute, aber unter extremen Bedingungen, denn es schneite heftig. Alle waren sehr konzentriert, auch Pelka, die Hündin. Nach der

Übung bemerkten wir, dass ihr Welpe verschwunden war. Wir haben ihn überall gesucht, aber seine Spuren waren vom Schnee verwischt und es war neblig ..."

„Wir hätten ihn gar nicht mitnehmen dürfen", warf ein Kollege ein.

„Das stimmt. Aber er folgte seiner Mutter überallhin. Es war der erste Einsatz von Pelka nach der Geburt. Und der Kleine war besonders kräftig. Wir dachten, er sei in der Lage ..."

Der Mann brach ab, dann sagte er: „Es war eine Fehleinschätzung, mein Fehler! Ich habe das entschieden."

Er wirkte bekümmert und die Kinder hielten sich mit weiteren Fragen zurück. Die Hündin hatte sich immer noch nicht beruhigt. Viktor war näher gekommen. Auch er hatte zugehört und betrachtete Pelka mitleidig. Mikael, der ihn heimlich musterte, fragte sich, ob Viktor vielleicht Tiere lieber mochte als Menschen.

Die Lehrer baten die Kinder, sich wieder abfahrbereit zu machen. Dann begab sich die Gruppe auf die rote Piste. Nach der zweiten Kurve ließ der Skilehrer die Schüler anhalten.

„Wegen der Lawinengeschichte habe ich etwas Wichtiges vergessen. Aus Sicherheitsgründen solltet ihr Zweierteams bilden und ihr müsst regelmäßig überprüfen, ob euer Partner oder eure Partnerin in der Nähe ist und keine Probleme hat. Ich werde ein Auge auf euch alle haben, aber diese Vorsichtsmaßnahme hilft uns, im Notfall schneller zu reagieren."

Frau Laurin warf lächelnd einen prüfenden Blick in die Runde, bevor sie anfing, die Schülerpaare aufzurufen: „Léa mit Manon. Augustin mit Charles. Mathilde mit Noémie, Raphaela mit Mikael. Gabriel mit Viktor."

Gabriel wollte der Lehrerin widersprechen, als ihm die anonyme Botschaft einfiel. Er schaute zu Viktor. Dessen zornig funkelnde Augen ließen nicht an eine Friedenspfeife denken, eher an eine Ladung Dynamit. War die Lehrerin wirklich so naiv zu glauben, dass aus diesem ständigen Zweikampf eine Freundschaft entstehen könnte?

Kapitel 4
Ein Geier mit GPS

„Lass die Hände von der Kanone, Gabriel!“

Eine halbe Stunde war vergangen, seitdem die Schüler jeweils einen Partner zugeordnet bekommen hatten. Jetzt machten alle eine Pause, um etwas zu trinken und einen Müsliriegel zu essen.

Der scharfe Tonfall von Frau Laurin stoppte Gabriel, der gerade an der Schneekanone herumfingerte. Er hatte sich gefragt, ob es wohl einen Knopf gab, um den Mechanismus in Gang zu setzen und einer ganz bestimmten Person wie zufällig eine eiskalte Dusche zu verpassen. Er hielt Ausschau nach Viktor, der zuvor in der Schusslinie gewesen war. Aber Viktor war nicht mehr da.

Gabriel suchte die ganze Umgebung nach ihm ab. Es gab keine Spur von seinem roten Skianzug.

„Viktor? Wo ist Viktor?“, fragte er mit lauter Stimme.

Sein Ausruf brachte alle in Alarmbereitschaft. Augustin meinte, ihr Mitschüler sei vielleicht nur kurz austreten gegangen. Dort, am Rand der Piste, standen ein paar buschige Tannen, die sich dafür anboten. Die Lehrer riefen durchdringend nach Viktor, aber er gab keine Antwort.

„Das ist doch nicht möglich!“, schimpfte der Skilehrer. „Ich habe euch zu Beginn der Pause noch durchgezählt.“

„Ja, vor einer Minute saß er auch noch hier vor der Schneekanone“, bestätigte Gabriel.

Der Skilehrer zog die Stirn in Falten. „Keiner von euch hat ihn weggehen sehen?“

Die Schüler schüttelten den Kopf. Sie hatten sich schon lange abgewöhnt, sich um Viktor zu kümmern.

„Ich sehe keine Schuhabdrücke, also ist er mit den Skiern unterwegs!“, überlegte die Lehrerin. „Was hat ihn bloß geritten?“

Der Skilehrer schaute besorgt hinauf zur Piste. Von dort näherte sich gerade der Pistenwart, der ihnen schon den ganzen Vormittag nachstellte. Nach einer perfekten Drehung kam er neben den Lehrern zum Stehen; unmöglich auszumachen, ob seine Ankunft geplant oder zufällig war.

Die drei Erwachsenen unterhielten sich kurz, dann sagte der Skilehrer: „Ich umfahre den kleinen Wald hier links, mein Kollege hält sich rechts. Wir versuchen, die Spuren eures Freundes zu finden. Ihr bleibt hier bei eurer Lehrerin."

Sobald die Männer weg waren, setzte ein lebhaftes Getuschel unter den Schülern ein, die sich keine großen Sorgen um Viktor machten. Gabriel schaute zum Himmel. Sehr hoch oben, unter den zerfaserten Wolken, zog ein Greifvogel seine weiten Kreise. Gabriel zeigte mit dem Finger auf ihn.

„Habt ihr diese Flügelspannweite gesehen?"

„Ja, man könnte meinen, es sei ein Adler", erwiderte Raphaela.

„Oder ein Condor aus den Anden?", trumpfte Gabriel lachend auf.

Mikael korrigierte: „Nein, das ist wahrscheinlich ein Lämmer- oder Bartgeier. Ich habe einen Dokumentarfilm über diese Greifvögel gesehen."

„Ein Sender- oder Bartgeier?", gluckste Raphaela, denn ihr Freund hatte mit vollem Mund gesprochen.

„Ein Lämmergeier!“, wiederholte Mikael nun in deutlicher Aussprache nachdenklich. „Aber du hast trotzdem recht. Er hat auch so eine Art GPS-Sender.“

„Was meinst du damit?“, fragten seine beiden Freunde.

„Wenn ein Lämmergeier oder Bartgeier, wie man ihn auch nennt, seine Runden dreht, dann heißt das, er hat eine Beute erspäht. Ich nehme an, dieser Vogel hat etwas Essbares ausfindig gemacht.“

„Ja und?“, bohrte Gabriel nach.

„Ich glaube, das dürfte auch hier der Fall sein!“, erwiderte Mikael. „Es könnte sich um einen jungen Fuchs oder um ein Murmeltier handeln ...“

„Murmeltiere halten Winterschlaf!“, hielt Raphaela dagegen.

„Es könnte auch irgendein anderes Tier sein ... warum nicht ein kleiner verirrter Hund? Dieser Greifvogel zeigt uns vielleicht seine Position ... genau wie ein GPS.“

„Oh mein Gott“, jammerte Raphaela aufgeregt. „Wir müssen etwas tun!“

„Die Entfernung ist zu groß“, entgegnete Mikael, „und wir sind zu weit unten. Wisst wir, wie lange das dauern würde, bis wir dort ankämen? In der Zwischenzeit könnte er sich den Welpen fünfzehnmal holen.“

Gabriel beobachtete die Runden des Vogels und seine Neuronen drehten auch ihre Runden in seinem Gehirn. Endlich machte es Klick.

„Der kleine Hund hat sich versteckt oder er ist irgendwohin gekrochen, wo ihn der Raubvogel nicht packen kann. Sonst hätte der Vogel ihn längst erwischt. Wenn wir also davon ausgehen, dass der Welpe sein Versteck nicht verlässt, hätten wir Zeit, hochzusteigen und ihm zu Hilfe zu kommen. Wir könnten wieder die Gondel nehmen, dann wären wir schon mal oben an der Station. Von dort ist der Aufstieg nicht mehr so weit."

Er schaute seine verblüfften Freunde erwartungsvoll an.

„Die Erwachsenen würden uns nie allein losziehen lassen", flüsterte Raphaela.

„Wir würden sie auch nicht um Erlaubnis bitten", meinte Gabriel.

„Und wenn es zu gefährlich wird?", druckste Raphaela.

„Dann gehen wir zurück", beruhigte Gabriel sie. „Für uns besteht keine Gefahr, aber für den Welpen. Wir müssen ihn retten ..."

In diesem Augenblick bekam Augustin einen Wutanfall: Er schaffte es nicht, seine Ski-Bindungen wieder festzumachen. Die Lehrerin ging zu ihm und drehte dem Trio den Rücken zu. Auch die übrige Gruppe war durch ihren Mitschüler abgelenkt.

„Du hast einfach nur Eis unter den Schuhen", erklärte Mathilde.

Während alle Augen auf Augustins Sohlen gerichtet waren und Frau Laurin sich bückte, um die Eisschicht abzukratzen, nickte sich das Trio schweigend zu.

„Auf geht's!", flüsterte Gabriel. Eine Sekunde später glitten sie vorsichtig über den Schnee und waren kurz darauf hinter einem Gebüsch außer Sichtweite.

Es war nicht so einfach, mit den Skischuhen bergauf zu laufen. Gabriel und Raphaela, die ihre Skier, ihre Stöcke und Helme in der Nähe der Liftstation zurückgelassen hatten, bemerkten das sehr schnell.

Es war auch deshalb schwierig, weil sie Mikael auf seinem Bi-Ski schieben mussten. Rechts und links über seinen Sitz gebeugt, kamen sie auf dem unwegsamen Gelände bald ans Ende ihrer Kräfte. Der Schnee verdeckte sämtliche Unebenheiten, aber Mikaels kurze Skistöcke trafen alle paar Sekunden auf unerwartete Fallen unter der Pulverschneeschicht: spitze Steine, kleine Buckel und Senken, verkrüppelte und unter einer Schneehaube verborgene Büsche.

„Es tut mir leid!“, murmelte Mikael, als seine beiden Freunde erschöpft die zweite Pause innerhalb von drei Minuten machten.

Gabriel keuchte mit erstickter Stimme: „Das muss es nicht! Gut, dass du dabei bist und den Lämmergeier überwachen kannst. Du darfst ihn nicht aus den Augen verlieren ... Wenn er wegfliegt, können wir den Welpen nicht mehr orten!“

Mikael hob den Kopf. Der riesige Greifvogel kreiste weiter in den Bergen über dem Plateau.

Gabriel versuchte unterdessen, die Entfernung abzuschätzen. Es waren mindestens hundert Höhenmeter. Hundert Meter mit Hindernissen, steilen Abschnitten, hundert Meter, die sie schwer atmend mit ihren Kosmonautenstiefeln an den Füßen erklimmen mussten. Dabei hatten sie bereits jetzt alle Blasen an jeder Fußsohle.

„Wenn ihr wollt, können wir umkehren“, schlug Mikael vor, der die Gedanken seines Freundes zu lesen schien. „Mit mir als Klotz am Bein ist es einfach zu schwierig.“

„Mit dir als was?“, fuhr ihn Gabriel an.

„Als Klotz am Bein."

Raphaela schüttelte abwehrend den Kopf, als ein kräftiger Stoß an Mikaels Sitz, über den sie gebeugt war, sie fast umgeworfen hätte. Gabriel hatte sich mit empörter Miene wieder an den Aufstieg gemacht und dem Bi-Ski einen heftigen Schub verpasst. „Ein Klotz am Bein … ein Klotz … sonst noch was?", schimpfte er vor sich hin, als hätte Mikael ihn schwer beleidigt. Dann verstummte er, da sein Einsatz am Berg schon ohne Reden anstrengend genug war.

Die drei Kinder kämpften sich Stück für Stück, immer wieder von Pausen unterbrochen, eine gute halbe Stunde voran. Mikael ließ den Vogel nicht aus den Augen. Beunruhigt stellte er fest, dass es immer nebliger wurde. Dunkle Schneewolken zogen über den schmuddelig grauen Himmel.

„Das Wetter schlägt um", sagte Mikael halblaut, während sie gerade wieder anhielten.

Gabriel und Raphaela blickten nach oben.

„Wo ist unser gefiedertes Navi?", rief Gabriel.

Mikael suchte aufgeregt den Horizont ab. Er war so damit beschäftigt gewesen, die Veränderungen am Himmel zu studieren, dass er den Lämmergeier kurz vergessen hatte. Und ausgerechnet in diesem Moment war der Vogel davongeflogen.

„Ich kriege nichts auf die Reihe“, klagte er zerknirscht. „Ihr müsst mich schieben, und ich genieße die Landschaft und schaffe es nicht mal, diesen unglückseligen Vogel zu überwachen!“

„Ach, du genießt die Landschaft?“, wiederholte Raphaela. „Dabei hörte ich noch vor einer Minute ein ‚Aua!‘ von dir. Nennst du das genießen? Ganz ehrlich: Tut dir etwas weh?“

„Der Rücken und der Po ... ein bisschen!“, gestand Mikael mit gequältem Lächeln. „Ich fühle mich völlig steif.“

„Und unser ruckartiges Schieben tut dir sicher auch nicht gut!“, seufzte Raphaela.

Mikael widersprach nicht, denn dieser schwierige Transport mit dem ständigen Auf und Ab war eine Zumutung für seinen Rücken.

Raphaela wandte sich an Gabriel: „Wir sollten vielleicht umkehren. Wir können nicht wegen eines kleinen Hundes Mikaels Gesundheit ruinieren. Außerdem friert er, schau mal, wie blau seine Lippen sind ...“

„Und ihr schwitzt euch zu Tode“, witzelte Mikael. „Eure Backen sind ganz rot ...“

„Es wäre wohl tatsächlich besser zurückzugehen", stimmte Gabriel Raphaela fast erleichtert zu.

Völlig ausgelaugt und übermüdet hatte er ihre verrückte Idee inzwischen schon zigmal bereut. Musste man sich wirklich eine derartige Schinderei zumuten, um einen kleinen Border Collie zu finden? Vorausgesetzt, dass es dort oben überhaupt einen Border Collie gab. Vielleicht machte der Lämmergeier nur Jagd auf ein altersschwaches Kaninchen.

„Wartet mal!", unterbrach Mikael seine Gedanken. „Wir sind schon ganz nah. Auch wenn der Vogel verschwunden ist, habe ich mir die Stelle gemerkt, über der er kreiste. Wenn ihr es euch zutraut, noch ein Stück weiter hochzuklettern, würde ich mich sicher zurechtfinden."

Gabriel und Raphaela zögerten. Sie schauten zum Abhang, der zur Liftstation führte. Wie verführerisch das war! Sie müssten sich nur hinsetzen und auf dem Hosenboden hinunterrutschen. Mikael könnte seinen Bi-Ski benutzen ...

Gabriel zog plötzlich die Stirn in Falten.

„Sehr ihr, was ich sehe?"

Er zeigte mit dem Finger auf eine Gestalt, die auf dem Weg nach oben war. Ebenfalls zu Fuß. Aber nicht vom Lift aus, nicht auf ihren Spuren, sondern fünfzig Meter weiter rechts. Offenbar war die Person schon länger zu Fuß unterwegs.

„Das ist Viktor!“, flüsterte Raphaela.

„Nicht möglich!“, rief Mikael aus.

„Doch“, versicherte Gabriel. „Er hat einen roten Skianzug an.“

Gabriel ließ sich hinter einem Felsblock in den Schnee fallen. „Mist! Rennt er uns jetzt hinterher?“

Raphaela prustete los: „Die Lehrerin hat ihn zu deinem Partner erklärt. Also will er sich nicht von dir trennen.“

„Aber schaut mal dort!“, meldete sich Mikael zu Wort. Sein Blick ging zur Skilift-Station. „Da beobachtet uns jemand mit einem Fernglas.“

„Wo?“, fragte Gabriel und suchte den Hang ab. Doch noch bevor Mikael ihm die Stelle näher beschreiben konnte, hatte er den Mann entdeckt, der bewegungslos an einem Geländer ihnen gegenüber lehnte.

„Wie kommst du darauf, dass dieser Typ ein Fernglas hat? Und dass er uns im Visier hat? Er ist viel zu weit weg.“

„Vertrau mir!“, antwortete Mikael. „Ich habe gute Augen.“

„Das stimmt. Trotzdem kannst du von hier nicht sein Gesicht erkennen."

„Nein. Aber ... er ist nicht besonders groß und eher kräftig gebaut, im Vergleich zu den Leuten um ihn herum. Er erinnert mich an ..."

„Wen?"

„... den Pistenwart, der uns schon seit heute Vormittag verfolgt."

Die beiden verstummten. Dann schlug Gabriel seine Fäuste aneinander. „Was führt er im Schild? Ich habe genug davon, dass er uns ausspioniert. Es macht mir zwar keine Angst, aber ..."

Mikael zuckte mit den Schultern. „In seiner Funktion als Pistenwart ist es normal, dass er auf uns aufpasst. Immerhin sind wir abgehauen ..."

„Aber ist er wirklich ein Pistenwart?", fragte Gabriel mit zornbebender Stimme. „Wenn es ihm um unsere Sicherheit ginge, würde er doch versuchen, uns einzuholen, anstatt uns von Weitem zu beobachten. Und er hätte sich um Viktor kümmern müssen. Darf ich euch daran erinnern, dass er mit dem Skilehrer losgezogen ist, um ihn zu suchen ... Nein, also wirklich, dieser Mann ist nicht ganz koscher. Außerdem überwachte er uns schon vor unserem kleinen Ausflug. Warum bloß?"

Sein wütender Blick flog zwischen Viktor und der bewegungslosen Person hin und her. Dann schaute er zum Hang hinauf.

„Was haltet ihr davon, wenn wir weitergehen? Diese beiden Kletten sind ein guter Grund, nicht sofort zurückzulaufen. Ich habe keine Lust, sie zu treffen."

„Na dann, nichts wie los!", forderte Raphaela die beiden entschlossen auf. Bei aller Müdigkeit fand sie diese Ausreißer-Bergtour mit ihren zwei besten Freunden doch ziemlich reizvoll. Außerdem lag ihr das Schicksal des vermissten kleinen Welpen noch immer am Herzen.

„Ich bin auch einverstanden", verkündete Mikael. „Ich wollte es ja von Anfang an."

Um den Aufstieg fortzusetzen, musste sich das Trio immer wieder zwischen Schneehügeln und Gräben einen Weg suchen. So kamen sie nur langsam vorwärts, dafür war der Blick von der Station auf sie versperrt.

Nach einem weiteren anstrengenden Marsch von einer halben Stunde waren sie endlich oben auf dem Plateau angekommen. Raphaela sah auf ihre Uhr. Es war 15 Uhr 30.

„In zwei Stunden wird es dunkel", gab sie besorgt zu bedenken.

Gabriel schaute zurück.

„Abwärts geht es ganz schnell. Wir haben zwar das Gefühl, den Mount Everest bestiegen zu haben, aber eigentlich sind wir ganz nahe am Lift."

„Der Pistenwart ist weg", rief Raphaela. „Wenn er es überhaupt war."

„Und Viktor?", fragte Mikael. „Ich sehe ihn auch nicht mehr."

„Er muss durch einen Buckel am Hang verdeckt sein."

Gabriel ließ seinen Blick über die riesige weiße Hochebene streifen.

„Das ist also das *Désert de Platé*", murmelte er und erinnerte sich an die Erklärungen der Lehrerin am Vorabend im Bus. „Es ist wunderschön!"

Soweit das Auge reichte, blendend weißer Schnee, der wie Perlmutt schimmerte.

„Wir sollten unsere Augen schützen", bemerkte Raphaela.

Während des mühseligen Aufstiegs hatten sich ihre Schneebrillen stark beschlagen. Deshalb hatte sie sie abgesetzt.

„Du hast recht!“, erwiderte Gabriel.

Die beiden waren noch mit ihren Brillen beschäftigt, als Mikael schon den Schnee begutachtete.

„Keinerlei Spur“, seufzte er. „Aber wir müssen uns weiter links halten. Der Lämmergeier ist dort hinten gekreist.“

Das Gelände war leicht abschüssig, Raphaela und Gabriel versanken im Schnee, aber sie kamen gut voran. Es machte ihnen riesigen Spaß, durch den Tiefschnee zu stapfen. Mikael glitt lautlos auf seinen Skiern und hinterließ eine tiefe Doppelrille im Schnee.

„Stopp!“, schrie er plötzlich.

Raphaela und Gabriel blieben sofort stehen. Mikael betrachtete den Schnee direkt vor seinem Bi-Ski.

„Könnt ihr bitte vor mir auf die Knie gehen?“

Als er in die verdutzten Gesichter seiner Freunde schaute, lachte er los.

„Entschuldigung! Ich habe mich blöd ausgedrückt. Ich wollte sagen: Könnt ihr auf alle viere gehen, um den Schnee aus der Nähe zu sehen? Ich glaube, vor meinen Skistöcken sind Abdrücke von einem kleinen Tier.“

Raphaela ließ sich buchstäblich vor die Füße von Mikael fallen.

„Das stimmt!“, rief sie aufgeregt.

„Und um welches Tier handelt es sich? Um einen Hasen, einen Fuchs?“

„Um einen kleinen Hund!“, rief Gabriel, der sich ebenfalls hingekniet hatte.

„Die Abdrücke von Hunden und Füchsen sind sehr ähnlich, soweit ich weiß“, gab Mikael dennoch zu bedenken.

Das Trio folgte der Spur. Sie verlief in einer merkwürdigen Zickzacklinie.

„Ob er vom Wind hin und her geblasen wurde?“, fragte Gabriel.

„Er war sicher erschöpft und hatte sich verirrt. Sieh doch, wie tief er eingesunken ist. Kannst du dir vorstellen, wie anstrengend es für ihn war, seine Pfoten immer wieder aus dem Schnee zu ziehen? Und ich ...“

Ein gedämpftes Knacken unterbrach Raphaelas Worte. Sie stieß einen erstaunten ängstlichen Schrei aus. Gabriel drehte sich zu seiner Freundin um, die neben ihm hergelaufen war. Sie war nicht mehr da. Dafür sah er ein Loch im Boden. Bevor er reagieren konnte, ließ ein weiteres hohles und sehr kurzes Knacken unter seinen Füßen auch ihn in die Spalte stürzen, die sich unter Raphaelas Gewicht geöffnet hatte.

Mikael konnte gerade noch rechtzeitig stoppen. Seine Stöcke schwebten in der Luft. Er schob sich einige Zentimeter zurück und starrte benommen in den Spalt, in dem seine beiden Freunde soeben verschwunden waren.

Kapitel 5

In der Grube

„Gabriel, Raphaela!“, brüllte Mikael.

Zu seiner großen Erleichterung kam sofort eine gedämpft klingende Antwort von unten aus der verschneiten Grube.

„Es geht uns gut!“

Das war Raphaelas Stimme.

„Wir haben uns nichts gebrochen!“, ergänzte Gabriel einen kurzen Moment später.

„Wirklich nicht?“

Mikael beugte sich so weit wie möglich in Richtung des klaffenden Spalts vor sich, aber er konnte nichts erkennen. Seine vorgeschobenen Skistöcke setzten dabei den Schnee vor seinen Füßen in Bewegung und ließen ihn in den Abgrund rutschen. Mikael war starr vor Schreck. Wenn er versuchte, seinen Freunden zu helfen, riskierte er, sie unter einer Schneelast zu begraben und selbst einzubrechen. Er musste sich wohl oder übel zurückziehen. Knirschgeräusche im Schnee aus der Höhle deuteten darauf hin, dass seine Freunde versuchten, wieder hochzuklettern.

„Wie tief seid ihr gefallen?“, fragte er nach.

„Oh, höchstens zwei Meter, schätze ich!“, erwiderte Gabriel. „Deine Skistöcke sind gar nicht so weit von uns entfernt.“

„Du kannst dich an ihnen festhalten, wenn du drankommst“, schlug Mikael vor. „Macht eine Räuberleiter!“

„Dann würdest du auch reinfallen“, erwiderte Raphaela. „Das wäre sehr schlau, zu dritt in einer Doline zu sitzen!“

„Was ist denn eine Doline?“, fragte Gabriel.

„Ich habe mich auch erst jetzt wieder daran erinnert, etwas spät“, kam es kleinlaut von Raphaela. „Dolinen sind trichterförmige Spalten, die sich durch Erosion in kalkhaltigen Böden auftun. Im *Désert de Platé* gibt es sie häufig, habe ich gestern in einem Prospekt unserer Unterkunft gelesen. Mir war nicht klar, dass diese

Sinkhöhlen unter der Schneeschicht zu gefährlichen Fallen werden können."

Unter großer Anstrengung versuchten die beiden Kinder alles, um sich aus dem Loch herauszuarbeiten. Aber der weiche Schnee unter ihren Füßen gab immer wieder nach und ihre Kunststoffschuhe fanden keinen Halt.

„Ich habe das Gefühl, mit zehn Stundenkilometern Geschwindigkeit auf einer Rolltreppe nach oben zu steigen, die mit einer Geschwindigkeit von zwanzig Stundenkilometern nach unten fährt", murrte Gabriel.

„Und es ist sehr steil. Aber immerhin wärmt das Klettern uns auf!", beruhigte ihn Raphaela.

Ihre letzte Bemerkung ließ Mikael aufhorchen. Da er sich kaum bewegt hatte, machte ihm der beißende Frost des Spätnachmittags allmählich zu schaffen.

„Hört auf, euch unnötig zu verausgaben!", rief er seinen Freunden zu. „Ihr dürft nicht ins Schwitzen kommen, sonst erfriert ihr, während ihr auf die Rettung wartet."

„Die Rettung!?"

Gabriels Stimme hatte einen leicht ironischen Unterton, während er energisch und verzweifelt einen erneuten Kletterversuch wagte.

„Die Rettung … würde es nicht vor heute Abend bis hierher schaffen … und es soll kein Hubschrauber geschickt werden …“

„Wir müssen keinen Hubschrauber alarmieren“, erwiderte Mikael bestimmt.

Raphaela, die mutlos zu seinen Skistöcken hochgeschaut hatte, sah diese plötzlich verschwinden.

„Mikael!“, rief sie. „Was machst du?“

„Ich fahre zurück“, erwiderte Mikael. „Ich suche den Pistenwart. Wenn er uns schon auf den Fersen ist, dann soll er uns wenigstens helfen.“

„Du kannst doch nicht allein zurückfahren!“, schrie Gabriel hinauf.

„Hör auf zu schreien“, bat Raphaela, „sonst stürzt noch mehr Schnee auf unsere Köpfe.“

„Ich will doch nur nicht, dass sich Mikael in Gefahr begibt!“

Mikael lächelte. Ohne seinem Freund weiter zuzuhören, packte er energisch seine Skistöcke und schob sich mit ihrer Hilfe langsam die leichte Anhöhe hoch.

„Seid schön brav!“, rief er den beiden von Weitem zu. „Ich bin bald wieder zurück!“

„Mikael“, schallte es aus der Grube, „folge unseren Spuren, damit du nicht in eine andere Doline fällst!“

„Ohne Witz", stammelte Mikael erschrocken, „daran hätte ich nicht gedacht ..."

Dann umfasste er mit aller Kraft seine Stöcke, um sich weiter hochzuarbeiten.

Als er erneut am Rand des Plateaus war, wischte er sich die Stirn ab. Durch die leichte Steigung war auch ihm wieder warm geworden. Er verlor keine Zeit und machte sich sofort auf den steilen Rückweg, ohne Angst, aber sehr vorsichtig. Ein Sturz wäre jetzt nicht angebracht.

Er fuhr gerade seine zweite Kurve, als er verblüfft neben einem großen Schneehaufen abbremste. Am Boden saß Viktor und zog ein Gesicht, als hätte man ihn in die Ecke gestellt und ihm verboten, sich zu rühren.

„Hallo!", sprach Mikael ihn an und versuchte dabei, möglichst locker zu klingen.

Viktors schlechte Laune musste ihm die Sprache verschlagen haben, Mikael erhielt keine Antwort.

„Gehst du spazieren?", fragte Mikael beharrlich weiter.

Immer noch keine Antwort.

„Man hat dich vorhin gesucht ..."

Kein Kommentar. Viktor verdrehte die Augen, als hoffte er, Mikael würde sich in Luft auflösen.

„Suchst du den Hund?", fragte Mikael jetzt. Eigentlich wollte er damit nur eine Reaktion von Viktor provozieren.

Viktor fuhr wütend herum.

„Woher weißt du das?"

„Nun ... wir suchen ihn natürlich auch."

„Wieso natürlich?"

„Weil man ihn nicht einfach erfrieren lassen kann."

Mikael musste sich sehr zusammenreißen, um Viktors aggressivem Blick standzuhalten. Doch dessen Gesichtszüge entspannten sich auf einmal.

„Wo sind deine Freunde?", erkundigte er sich. „Habt ihr die Spur des Border Collie gefunden?"

Mikael erzählte von ihrem Aufstieg, dem Sturz in die Doline und von seiner geplanten Abfahrt, um Hilfe zu holen.

„Ist diese Grube weit entfernt?"

„Nicht so weit. Sie liegt auf dem Hochplateau, von hier ungefähr zwanzig Meter aufwärts und dann fünf Minuten auf fast ebenem Gelände."

„Und du sagst, der Spalt ist nicht zu tief? Wenn man ihnen die Skistöcke reichen würde ..."

„Ja, ich denke, du könntest ihnen heraushelfen! Du müsstest dich flach auf den Boden legen, damit sie dich nicht hinunterziehen ... So hätte ich es gemacht, wenn ...“

Mikael verstummte. Viktor warf ihm einen langen Blick zu, zum ersten Mal ohne Verachtung.

„Ja, klar!“, erwiderte er leise. „Wie bist du überhaupt hochgekommen?“

„Sie haben mich geschoben.“

„Und zurück?“

„Na, mit dem Bi-Ski, wie denn sonst?“

Viktor nickte.

„Nicht schlecht! Wirklich beachtlich – und all das nur für einen Hund.“

„Findest du, das lohnte sich nicht?“

„Doch! Hunde sind oft mehr wert als Menschen.“

„Jetzt übertreibst du aber“, widersprach Mikael heftig und Viktors Gesicht verkrampfte sich erneut. Er schaute den Hang hinunter.

„Möchtest du doch nicht hinauf? Hast du Angst ...“

„Ich habe vor nichts Angst!“, blaffte Viktor ihn an. „Höchstens vielleicht, von euch dreien genervt zu werden, wenn ich gerade allein einen schönen Spaziergang machen will.“

Wieder schaute er abwärts.

„Mein Problem ist, dass ich nur die Wahl habe zwischen der Gesellschaft von drei nervigen Mitschülern und diesem Typen, der mir, warum auch immer, seit heute Morgen nachrennt."

„Sprichst du von dem Pistenwart?"

„Woher weißt du, wen ich meine?"

Zum zweiten Mal schien Viktor von Mikaels Kombinationsgabe überrascht zu sein.

„Weil er uns ausspioniert."

„Nein, er beobachtet mich."

„Ich versichere dir, dass er uns nachsteigt."

„Ich kann dir den Beweis liefern: Der Typ versteckt sich hinter diesem verschneiten Hohlweg, den du etwas weiter unten siehst. Er folgt immer meiner Spur."

Viktor zeigte auf eine Schneemauer, vielleicht hundert Meter weiter unterhalb von ihnen. Mikael konnte niemanden ausmachen und schüttelte den Kopf.

„Na gut, da dich unsere Gesellschaft nervt, werde ich diesen Pistenwart um Hilfe bitten. Er wird Gabriel und Raphaela in Nullkommanichts herausgezogen haben."

Mikael richtete bereits seine Skier zum Abfahren.

Viktor sprang auf: „Warte! Fahr nicht runter. Ich steige mit dir hoch."

„Nein, bitte, das ist nicht nötig. Du müsstest mich außerdem schieben, denn ich komme nicht allein hoch. Einen Behinderten schieben, kannst du dir das überhaupt vorstellen?"

Viktor biss sich auf die Lippen und brummelte etwas vor sich hin. Mikael musste die Ohren spitzen, um seine kaum vernehmbaren Worte zu verstehen: „Entschuldige! Ich hätte nicht ..."

Mikael war nicht sicher, ob er sich verhört hatte. Da Viktor mit gesenktem Kopf auf die Vertiefungen im Schnee starrte, in die sich seine Skischuhe eingegraben hatten, konnte er nicht von dessen Lippen ablesen. Er beschloss, sich nicht verhört zu haben, und sagte vorsichtig: „Das macht nichts, Viktor. Ich bin dir nicht böse."

Etwas lauter fragte er dann: „Wollen wir loslegen? Abmarsch? Ich mache mich so leicht wie möglich, aber das wird kein Zuckerschlecken. Du wirst sehen, ich bin schwer!"

„Wofür hältst du mich?", zischte Viktor und beugte sich über den Sitz, um Mikael anzuschieben.

Der Aufstieg war beschwerlich. Mikael war sehr froh, dass er Viktor auf seinem Rückweg nach unten schon nach zwei Schwüngen getroffen hatte. Er musste ihn ja nun ganz allein schieben. Viktor stöhnte unter seiner Last. Plötzlich ließen ihn seine Muskeln im Stich: Er schwankte. Mikael schloss die Augen und spürte, wie der Sitz ein paar Zentimeter rückwärtsrutschte. Er sah Viktor schon fallen, sah sich über Viktors Körper fahren und sich selbst in einem unkontrollierten Sturz den Abhang hinunterdonnern … oh nein, es durfte auf gar keinen Fall so kommen!

„Geh aus dem Weg", schrie er, „damit ich dich nicht überfahre, wenn ich stürze!"

„Spinnst du?", presste Viktor hervor.

Erschöpft spreizte er seine Beine, um sein Gleichgewicht wiederzufinden. Dann wuchtete er den Sitz mit einem brutalen Stoß weiter voran. Mikael biss die Zähne zusammen. Seine Rückenschmerzen waren stechend, trotzdem kam es nicht infrage, auch nur einen Klagelaut von sich zu geben. Um seinen Schmerz zu vergessen, konzentrierte er sich auf diese außergewöhnliche Situation: Sein Feind von gestern schob ihn unter größter Anstrengung und schwierigsten Bedingungen, um zwei verhassten Mitschülern zu Hilfe zu kommen.

Endlich hatten die Jungen die Hochebene erreicht. Viktor schob den Sitz noch ein paar Meter auf der geraden Fläche weiter. Dann fiel er am Ende seiner Kräfte auf die Knie und drückte seine Stirn an Mikaels Lehne, um Luft zu holen.

„Alle Achtung!“, flüsterte Mikael.

„Das gilt auch für dich!“, erwiderte Viktor. „Ich habe gesehen, wie du dein Gesicht verzogen hast, als wir angehalten haben. Hast du Schmerzen?“

„Ein wenig, am Rücken. Das ist jetzt nicht wichtig.“

„Hast du oft Schmerzen? ... ich meine ... im Alltag?“

Viktor sprach abgehackt und kurzatmig. Mikael antwortete ausführlich, um seinem Mitschüler Zeit zu geben, wieder zu Atem zu kommen.

„Was mich am meisten plagt, sind die wunden Stellen ... Die Haut, die am Rollstuhl scheuert, wenn man sich nicht rühren kann. Und ja, manchmal meldet sich mein Rücken und protestiert, weil er immer in einer Position sein muss. Deshalb bin ich, wann immer es möglich ist, in Bewegung ... Fußball, Wettrennen mit meinen Freunden ... all das.“

Viktor erhob sich.

„Du bist mutig!“, sagte er nur. „Ich weiß nicht, ob ich das ausgehalten hätte.“

„Ich hätte es auch nicht ausgehalten“, entgegnete Mikael mit Nachdruck.

Viktor riss erstaunt die Augen auf und Mikael fuhr mit einem rätselhaften Lächeln fort: „Ich meine, wenn ich die Wahl gehabt hätte.“

Dann griff er nach seinen Stöcken. „Packen wir es an? Raphaela und Gabriel frieren sicher.“

Bevor Viktor losging, schaute er automatisch zurück, zum Rand des abgeflachten Geländes. Den Berghang, den sie gerade geschafft hatten, konnte man von hier aus nicht sehen, doch Viktor stieß leise ein Schimpfwort aus.

„Entschuldigung“, brummte er, „dieser Mann ... der Pistenwart, ist immer noch da, weißt du. Als ich mich umgedreht habe, hat er sich schnell geduckt. Ich konnte noch seine Mütze sehen.“

Die Jungen ballten die Fäuste. Viktor zögerte und machte Anstalten, zum Abhang zu rennen, um den Spion zu verscheuchen, doch dann überlegte er es sich anders.

„Wir finden schon noch heraus, wer dieser Typ ist. Aber wie du bereits gesagt hast, drängt die Zeit. Komm schnell!“

Mikael startete und achtete darauf, in seinen noch

frischen Spuren zu fahren. Er empfahl Viktor, Gabriels und Raphaelas Spuren zu folgen.

„Und dieser Pistenwart hat uns nicht mal geholfen", entrüstete sich Mikael im Fahren. „Er muss doch gesehen haben, wie anstrengend es für dich war. Meinst du, er hätte dich gefragt, ob du Unterstützung brauchst, wenn du es nicht geschafft hättest?"

„Ich hätte ihn zum Teufel geschickt", knurrte Viktor wütend.

Mikael grinste. Er wusste aus Erfahrung, dass man sich lieber nicht mit einem schlecht gelaunten Viktor anlegen sollte.

Kapitel 6
Der entwischte Spion

„Gabriel, Raphaela!“, schrie Mikael aus Leibeskräften, sobald sie in der Nähe der Doline waren.

Obwohl er höchstens zwanzig Minuten unterwegs gewesen war, kam es ihm vor, als warteten seine Freunde seit einer Ewigkeit.

Er bekam keine Antwort. Sein Herz klopfte bis zum Hals. Er fuhr so nahe wie möglich an den Spalt und rief erneut, so laut er konnte, die Namen seiner Freunde.

„Wir sind da, Mikael!“

Sie hatten gemeinsam geantwortet, doch ihre Stimmen aus der Tiefe der Höhle waren kaum verständlich.

„Seid ihr woanders? Seid ihr weiter hinuntergestiegen oder was?“

„Ja, so ähnlich! Raphaela ist nach unten abgerutscht, und da bin ich auch zu ihr hinunter, um ihr wieder hochzuhelfen. Die Doline ist viel tiefer, als wir dachten. An der Stelle, an der wir jetzt sind, gibt es einen Felsvorsprung, und deshalb liegt hier sehr wenig Schnee auf dem Boden. Es ist auch nicht so kalt."

Mikael verstand die langen Ausführungen seiner Freunde nur teilweise. Er forderte Viktor per Handzeichen auf, sich hinzulegen, und so hörte Viktor, den Kopf über dem Abgrund, was Gabriel sagte.

„Schafft ihr es, auf den Felsvorsprung zu klettern?", wollte er wissen.

Totenstille von unten! Seine Frage blieb zunächst unbeantwortet. Dann stieg Gabriels Stimme kalt wie der Nordwind nach oben.

„WER HAT DA GESPROCHEN?"

„Ich", erwiderte Viktor leise.

„WELCHER ICH?"

„Viktor."

Erneute Stille. Dann folgte in schneidendem Ton: „Was machst du denn da???"

Viktor drehte sich zu Mikael um, der ihm komplizenhaft zuzwinkerte.

„Ich kam gerade vorbei. Ganz zufällig."

Viktor versuchte, spöttisch zu klingen.

„Das stimmt nicht“, widersprach Mikael. „Ich habe Viktor getroffen, als ich Hilfe holen wollte, und er hat mich wieder hinaufgeschoben. Er möchte euch heraushelfen!“

„Im Ernst???“

Auch Raphaelas Ausruf blieb ohne Antwort. Mikael lächelte und Viktor brachte keinen Ton heraus. Seit Monaten wollte er mit niemandem etwas zu tun haben. Und hier, heute, ausgerechnet auf dem *Désert de Platé,* wo er sich ganz allein gefühlt hatte, gaben ihm seine drei ärgsten Feinde fast das Gefühl, wieder dazuzugehören. Es war unbegreiflich.

Einige Sekunden verstrichen, dann vernahm man einen merkwürdigen Laut aus der Tiefe. Es klang nicht nach einer menschlichen Stimme, eher wie ein leises unterdrücktes Schluchzen.

„Wer weint denn da?“, entfuhr es Mikael beklommen. „Bist du das, Raphaela?“

„Ich? Nein!“

Das Klagen ging weiter.

„Gabriel, bis du das?“

„Aber nein! Das ist der kleine Hund! Wir haben ihn ganz unten in der Doline gefunden ...“

„Wir müssen ihn schnell von hier wegbringen!“, sagte Raphaela. „Er ist ausgekühlt und scheint eine gebrochene Pfote zu haben. Als er hier hereingefallen ist, war er jedoch immerhin vor Wind, Schnee und den Greifvögeln geschützt. Das hat ihn gerettet. Deshalb drehte der Lämmergeier seine Runden vergeblich ...“

Während sie noch sprach, konnte Viktor eine Bewegung im Dunkel der Doline erkennen. Raphaela kletterte hoch. Sie hielt etwas im linken Arm und versuchte, sich mit der rechten Hand festzuhalten. Gabriel war direkt unter ihr und stützte sie, so gut es ging, ab. Als die Wand zu steil wurde und Raphaela nicht weiterkam, bat sie Viktor, ihr einen Stock zu reichen.

Viktor schob ihr Mikaels Skistock entgegen. Raphaela nahm das Bündel aus ihrem Arm und befestigte es an den Schlaufen des Skistocks.

„Hier hast du deinen Fang! Du kannst die Angel hochziehen!“

Viktor zog das Bündel vorsichtig nach oben. Raphaela hatte ihren Schal mit den Handschlaufen des Skistocks um den Metallstab gebunden. Die Schnauze eines winzigen Border Collies schob sich durch das Wollpaket.

„Setz ihn auf meinen Schoß!“, bat Mikael.

Der Welpe öffnete ängstlich die Augen. Er zitterte vor Kälte. Sobald er abgesetzt war, rollte er sich unter dem Schal zusammen und ließ sich streicheln.

Viktor hielt inzwischen die beiden Skistöcke nach unten. Durch seine liegende Position hatte er genug Halt, um nicht von Raphaela in die Tiefe gezogen zu werden. Er umklammerte die Skistöcke mit aller Kraft und rutschte dabei langsam Zentimeter für Zentimeter auf dem Schnee zurück. Endlich ragte Raphaelas Kopf aus der Doline. Sie konnte die Stöcke loslassen, sich am Rand der Grube abstützen und herausklettern.

Zu zweit war es danach fast ein Kinderspiel, Gabriel aus der Höhle zu helfen. Raphaela hielt Viktor fest, damit er nicht in die Grube stürzte, denn Gabriel war viel schwerer als seine Freundin. Als alles geschafft war, stieß Mikael einen Freudenschrei aus, der den kleinen Hund zusammenzucken ließ. Die drei anderen mussten erst einmal tief Luft holen und sich kurz ausruhen.

Der Welpe fiepte leise.

„Ob er wohl schon einen Namen hat?“, fragte Mikael in die Runde.

„Ich hätte einen Vorschlag“, sagte Gabriel.

„Aha?!“

„Was haltet ihr von Kalumet?“

Viktor zuckte zusammen. „Darf ich fragen, wie du auf diese Idee gekommen bist?“

Gabriel zögerte. Er wollte Viktor nichts von dem Brief der Lehrerin erzählen. Jetzt war nicht der Moment, Viktor daran zu erinnern, welche Probleme er den anderen bereitet hatte. Gabriel kraulte den kleinen Hund und sagte ganz beiläufig: „Gute Frage. Wer hat mich auf diese Idee gebracht? Die Indianer aus Amerika, denk ich mal.“

Viktor starrte Gabriel einen Moment verdutzt an und blinzelte nervös.

„Ist schon komisch“, sagte er dann, „ich hatte nämlich dieselbe Idee wie du. Ich meine, die Idee mit dem Namen Kalumet. Nur, bei mir kam sie nicht von den Indianern. Ich habe kürzlich einen Brief erhalten, in dem von einem Kalumet die Rede war.“

„Echt?“, flüsterte Gabriel. „Und vom wem war der Brief?“

Viktors Miene wurde abweisend.

Gabriel biss sich auf die Lippen. „Tut mir leid, das geht mich natürlich nichts an.“

Doch offenbar hatte sich bei Viktor etwas verändert, denn er schaute Gabriel direkt in die Augen und sagte: „Ich könnte es dir sowieso nicht sagen. Es war ein anonymer Brief."

Jetzt wurde das Trio unruhig und Mikael bohrte nach: „Du hast nicht zufällig die Schrift unserer Lehrerin erkannt?"

„Wie kommst du denn darauf?", fragte Viktor erstaunt, schüttelte den Kopf und sagte: „Ich denke, es war eher die Schrift eines Mannes ... sie kam mir irgendwie bekannt vor, aber ich konnte sie nicht richtig zuordnen."

Gabriel war nicht mehr zu halten. „Hast du den Brief noch? Könnte ich ihn sehen?"

„Nein", erwiderte Viktor, „ich habe ihn weggeworfen. Die Nachricht hat mich genervt."

Gabriel lachte hell auf.

„Ich kann mir gut vorstellen, wie du reagiert hast mit deinem ..."

Viktor runzelte die Stirn und seine Augen blitzten kampfeslustig.

Gabriel verstummte und suchte nach Worten. „Mit deinem ... feurigen Temperament!", beendete er erleichtert seinen Satz.

Diese Beschreibung schien Viktor zu schmeicheln. Anstatt das Kriegsbeil auszugraben, nahm er Kalumet auf den Arm. „Gehen wir zurück?“, schlug er vor. „Der Kleine muss versorgt werden.“

„Er ist so niedlich!“, rief Raphaela hingerissen. „Es wäre jammerschade um ihn gewesen.“

Mikael betrachtete seine Knie, auf denen sich ein paar Schneeflocken angesammelt hatten.

„Wir müssen uns beeilen!“, mahnte er. „Wir sollten nicht in einen Schneesturm geraten.“

Die vier Kinder machten sich, so schnell sie konnten, auf den Rückweg. Durch das Hin- und Herlaufen hatten ihre Spuren inzwischen einen schmalen Pfad auf dem Gelände hinterlassen. Es schneite immer stärker und schon bald würde der kleine Weg zugedeckt sein und die grandiose Berglandschaft würde wieder ganz jungfräulich aussehen.

Als sie am Hang ankamen, sahen sie frische Zickzackspuren im Schnee. Jemand musste mit Langlaufskiern den Berg hochgestiegen sein. Die perfekten Abfahrtskurven waren auch zu sehen.

„Er ist bis hierher gekommen. Er muss uns die ganze Zeit beobachtet haben“, schimpfte Viktor.

Mikael erklärte seinen ahnungslosen Freunden, dass sich der Pistenwart auch für Viktor interessierte. Viktor war bereits losgestürmt, um ihn einzuholen.

„Er ist da unten!“, rief er ihnen zu. „Kommt mit! Er ist schon fast am Lift … scheinbar beobachtet er uns noch immer!“

Spontan winkte Raphaela der Person zu, doch der Pistenwart grüßte nicht zurück.

„Er wurde uns nachgeschickt, um auf uns aufzupassen“, mutmaßte Raphaela. „Deshalb haben die Lehrerinnen auch nicht die Bergpolizei alarmiert.“

„Wenn das stimmte, dann wäre er zu uns gekommen und hätte geholfen. Aber er hat Mikael und Viktor allein gelassen. Unsere Sicherheit war ihm egal.“

Der Wind wirbelte ihnen die Schneeflocken entgegen, als die Kinder zum Lift aufbrachen. Mikael war viel schneller als die anderen, trotzdem gelang es auch ihm nicht mehr, den geheimnisvollen Spion aufzuspüren. Als die Kinder sich an den Abstieg machten, war er in dem Gebäude der Liftstation verschwunden.

Der Mann, der die Kabinen am Lift beaufsichtigte, ließ das System etwas langsamer laufen, damit Mikael gut einsteigen konnte. Sein Blick fiel auf den Welpen in Viktors Armen.

„Sag mal, ist das der kleine Hund, den die Bergpolizei vermisst hat?“, fragte er.

„Ja“, bestätigte Gabriel. „Wir haben ihn gefunden und bringen ihn zurück. Kennen Sie die Nummer der Bergrettung, damit wir ihnen Bescheid geben können?“

„Wählt einfach die 17. Ich lasse euch selbst anrufen. Die werden sich freuen!“

Die Gondel setzte sich bereits in Bewegung, gleich würde sich die automatische Tür schließen. Da fragte Raphaela noch schnell mit lauter Stimme, um den Krach des Motors und das Rasseln der Kabel zu übertönen: „Kennen Sie den Pistenwart, der gerade vorbeigekommen ist?“

„Ich weiß nicht, wen ihr meint“, erwiderte der Mann am Lift, ohne die Miene zu verziehen.

Dann schloss sich die Tür.

Kapitel 7

Eine sehr verdächtige Einkaufsliste

Nach der Rückkehr ins Schullandheim wurde das junge Rettungsteam kräftig ausgeschimpft, wie sich das für Ausreißer gehört. Unklar blieb, ob die Lehrerinnen darüber informiert waren, dass ihnen der geheimnisvolle Pistenwart vom Anfang bis zum Ende ihres Abenteuers gefolgt war. Sie erwähnten den rätselhaften Mann jedenfalls nicht, machten den Kindern nur schwere Vorwürfe, weil sie so große Risiken eingegangen waren. Zur Strafe wurden sie vom gemeinsamen Abendprogramm ausgeschlossen. Aber die anderen Kinder feierten die vier Helden!

Um halb sieben, als sie ihre Erlebnisse gerade zum vierten Mal in einer Runde zum Besten gaben, kam der Mann von der Bergpolizei, der für die Lawinenhunde verantwortlich war. Er wollte Kalumet abholen und bedankte sich bei den Kindern so feierlich, als würde er ihnen einen Orden verleihen. Vorsichtig, um die verletzte Pfote des Welpen zu schonen, nahm er den kleinen Hund auf den Arm, der auf Mikaels Knien eingeschlafen war.

„Kalumet? Das klingt gut", sagte er, nachdem er dem Rettungsbericht zugehört hatte, der nun zum fünften Mal wiederholt wurde. „Wir hätten ihn nicht so genannt, aber egal: Das ist jetzt sein Name."

Als sich der Mann verabschiedet hatte, stellte Gabriel erstaunt fest, dass die Lehrerinnen immer noch besorgte Gesichter machten. Obwohl sich die vier Ausreißer bei ihnen entschuldigt hatten, wirkten sie verärgert. Die beiden Frauen verhielten sich so, als hätten sie sich gestritten.

Gabriel teilte Mikael seine Beobachtung mit. Besonders Frau Laurin trug eine wirklich steinerne Miene zur Schau.

„Um 21 Uhr wird das Licht ausgemacht", flüsterte Gabriel. „Die einzige Möglichkeit, mehr zu erfahren, wäre, an der Tür der Lehrerinnen zu lauschen ..."

„Das stimmt! In ihrem Zimmer müssen sie miteinander reden. Gibst du Raphaela Bescheid? Und was ist mit Viktor?“, raunte Mikael zurück.

Gabriel zögerte.

„Vier Personen vor der Tür wäre etwas riskant.“

Mikael nickte. Die beiden Jungen wollten sich nicht eingestehen, dass ihnen Viktor wieder lästig wurde. Als sie angekommen waren, hatte Viktor sich in eine Ecke verzogen. Die Atmosphäre der Gemeinschaft schien ihm nicht zu passen. Die prüfenden Blicke der anderen Kinder, die ihn wie ein eigenartiges Tier, das seinen Panzer verloren hat, beäugten, waren ihm sichtlich unangenehm. Er beteiligte sich fast nicht am Gespräch.

„Mist!“, entfuhr es Mikael, „das geht doch nicht ... die Lehrerinnen sind mir ja beim Zubettgehen behilflich ... Du müsstest mir also wieder in den Rollstuhl helfen und ich werde im Schlafanzug sein.“

„*Der Spion im Nachthemd.* Das wäre doch ein guter Filmtitel!“, unkte Gabriel.

Um 21 Uhr 10 schlichen sich drei Schatten zum Zimmer Nummer 35. Sie horchten an der Tür und stellten fest, dass im Raum dahinter niemand war. Daran hätten sie denken können. „Licht aus!“ galt natürlich nur für die Schüler.

Das Trio erkundete die Unterkunft, die langen Gänge und die Gemeinschaftsräume. Gabriel und Raphaela nahmen sich die Treppen vor, während Mikael die Aufzüge kontrollierte. Sie wollten schon aufgeben, als sie ein Tuscheln aus einer Ecke des riesigen leeren Speisesaals hörten. Am anderen Ende, vor einem großen Glasfenster, hatten die Lehrerinnen eine Neonlampe eingeschaltet. Sie saßen an einem Tisch und tranken Kräutertee.

„Wir tasten uns im dunklen Bereich in ihre Richtung!“, schlug Gabriel vor. „Achtung, die Fenster könnten Licht reflektieren!“

Mikael schüttelte entschieden den Kopf. „Macht das mal besser ohne mich. Ich behalte die Tür im Auge. Wenn jemand kommt, werde ich einen Vorwand erfinden, warum ich da bin, und ihr könnt euch unter einem Tisch verstecken.“

„Okay!“

Gabriel und Raphaela robbten bäuchlings über die eisigen Fliesen und schoben sich so nah wie möglich an ihre Lehrerinnen heran. Die Diskussion zwischen den beiden war gerade etwas lebhafter geworden und wurde immer lauter.

„Vorsicht, Madeleine!“, sagte Frau Caban gerade zu ihrer Kollegin. „Woher weißt du denn, ob man diesen Leuten vertrauen kann? Wir tragen hier die Verantwortung!“

„Der Skilehrer hat mir versichert, dass sie bei ihm bestens aufgehoben wären. Ich wollte trotzdem Alarm schlagen, aber er behauptete, das wäre nicht nötig. Er kennt diesen Pistenwart sehr gut. Und wie du siehst, ist alles glimpflich ausgegangen, Christelle.“

Frau Caban seufzte und erwiderte etwas besänftigt: „Es ist schon unglaublich, dass die vier dieses Abenteuer gemeinsam erleben konnten.“

„Genau!“, freute sich ihre Kollegin. „Das war ja unvorstellbar. Ich hätte sie fast vor der Reise zur Seite genommen, um ihre gegenseitige Feindseligkeit aufzubrechen. Ich fürchtete jedoch, es damit nur schlimmer zu machen. Wie gut, dass ich mich nicht eingemischt habe: Alles scheint sich von selbst zu lösen.“

Raphaela und Gabriel tauschten einen überraschten Blick. Da die beiden Frauen jetzt über andere Dinge sprachen, rutschten sie vorsichtig zurück und zerquetschten dabei einige Spaghetti vom Abendessen.

Entweder war Frau Laurin eine ausgezeichnete Schauspielerin oder sie war gar nicht die Urheberin des Briefes. Wurde diese klare, schöne Lehrerinnenschrift von einer anderen Hand geschrieben?

Mikael war nicht mehr an seinem Platz, als sie die Tür des Speisesaals wieder erreicht hatten. Die Kinder trennten sich und liefen los, um in den Fluren nach ihm zu suchen. Als Raphaela in einen anderen Flur abbog, stieß sie frontal mit Mikael zusammen, der in voller Fahrt um die Ecke rollte.

„Rechts hat Vorfahrt!“, protestierte sie lachend.

Auch Gabriel kam angelaufen und fragte, wo Mikael gewesen war.

„Ich habe den Skilehrer zusammen mit unserem zwielichtigen Pistenwart gesehen. Die beiden haben sehr angeregt miteinander geredet, und ich habe versucht, etwas davon aufzuschnappen ...“

„Und???“

„Und nichts! Ich kam zu spät, sie waren schon an der Eingangstür und sind rausgegangen.“

„Dann sollten wir ihnen nachgehen!“, schlug Gabriel vor und schaute aus dem Fenster. Schneeflocken tanzten im orangefarbenen Licht der Straßenlaterne.

„Es schneit seit heute Nachmittag, die Straßen sind weiß. Man könnte ihre Schuhabdrücke gut erkennen. Lasst uns keine Zeit verlieren ... sonst sind die Spuren zugeschneit."

„Dann nichts wie los!", sagte Mikael.

„Ich hole noch schnell den Anorak von Mikael. Der Spion im Nachthemd soll sich nicht erkälten."

„Und ich hole mir auch meine Jacke und gebe Anne, Fanny und Mathilde, die in meinem Zimmer schlafen, Bescheid, damit sie mich nicht suchen lassen", rief Raphaela und war schon unterwegs.

Auch Gabriel informierte seine Zimmernachbarn über seinen angeblichen Spaziergang mit Mikael.

Wenige Minuten später verließen die drei Detektive das Haus. Ihnen war vor Aufregung ganz heiß und sie spürten die eisige Winterluft kaum. Auf dem Hof waren zwei Fußspuren zu erkennen.

„Rechts ist sicher der Pistenwart", flüsterte Raphaela. „Er ist nicht so groß und hat wahrscheinlich eine kleinere Schuhgröße als der Skilehrer."

„Es gibt auch kleine Menschen mit großen Füßen und umgekehrt", widersprach Mikael.

„Raphaela hat aber recht", sagte Gabriel. „Als wir

heute Morgen unsere Skisachen ausgeliehen haben, erzählte der Skilehrer, er hätte Schuhgröße 48 und für ihn wäre es immer schwierig, passende Schuhe zu finden."

Mikael nickte und sie starteten. Gabriel bemerkte, dass der Rollstuhl auf dem frischen Schnee ins Rutschen kam, und packte ihn an den Griffen.

„Meinst du nicht, dass du mich heute schon genug geschoben hast?", protestierte Mikael.

„Das ist gut für die Muskeln."

Der Schneesturm hatte das ganze Dorf wie unter einer dicken Decke verhüllt. Die Straßen waren leer, als hätten sich Autos und Fußgänger in Sicherheit gebracht, um nicht unter diesem watteartigen Überzug begraben zu werden.

Fünf Meter hinter dem Schullandheim trennten sich die Spuren. Das Trio folgte ohne Zögern den kürzeren Abdrücken bis zu einem kleinen dreistöckigen Haus. Die Tür zur Eingangshalle war nicht verschlossen. Gabriel betrat den Raum und sah, dass die nassen Sohlenabdrücke zur Treppe führten. Er winkte seinen Freunden durch die Glastür zu, doch Mikael gab ihm zu verstehen, dass er wieder herauskommen sollte. Raphaela schaut nach oben, da passierte wohl etwas.

„Was ist los?“, fragte Gabriel leise, als er wieder neben den beiden stand.

„Psst! Er kam gerade auf den Balkon. Er telefoniert!“

Raphaela hatte den Rollstuhl dicht an die Hauswand geschoben, damit man ihn von oben nicht sehen konnte. Vom Balkon tönte die laute Stimme des Pistenwarts.

„Du kannst ihm auf jeden Fall ausrichten: Auftrag erfüllt! Verrückt, wie gut das geklappt hat ... Nicht vorauszusehen ... da hast du recht! Die Lehrerinnen haben mich unterstützt, geradeso, als wären sie meine Komplizinnen! Hahaha ... Doch, die Kinder haben gesehen, dass ich ihnen gefolgt bin ... zwangsläufig. Ich konnte nicht unbemerkt bleiben. Außerdem sind sie ziemlich clever! Das kannst du deinem Kommandeur ausrichten!“

Das lauschende Trio war verblüfft und empört zugleich.

„Gut“, fuhr der Pistenwart fort, „ich rufe dich auch noch wegen der Einkäufe an. Ich habe die Kasse geplündert, wie abgemacht ... Ja ... hmm, fühlt sich schwerer an als üblicherweise. Das war wohl der Jackpot diese Woche!“

Der Pistenwart lachte laut auf, während die drei

Kinder unter ihm verwirrt auf den rissigen Beton des Balkons starrten.

„Was soll ich davon kaufen? Du hattest eine Gasflasche erwähnt. Brauchst du sonst noch was? ... warte, ich notiere es ... Kohle und Zünddochte. Verstanden ... Wie viele Kerzen? ... sechzig, so viele? ... gut. Ein Isolierspray speziell für Kupfer. Ja! Wie bitte? Einen Fassreiniger?“

Der Pistenwart schien sich zu wundern. Sein Gesprächspartner lieferte ihm offenbar eine Erklärung, denn einen Moment später erwiderte er etwas leiser: „Ach so, also auch noch Benzin ... verstanden. Ich denke daran ... ja ... ja ... Oh ja, die Reißzwecken. Eine Großpackung? Okay! Gut! Ich fahre morgen früh ins Tal, genau, zum Baumarkt in der Stadt. Ja, ja, sobald er aufmacht. Da ist es billiger und die Verkäufer kennen mich. Sie wundern sich nicht, wenn ich mit der Kasse ankomme und dem ...“

Ein Fenster wurde geschlossen. Der Pistenwart war wieder in seine Wohnung zurückgegangen. Unter dem Balkon standen drei vor Schreck und Kälte erstarrte Kinder.

„Was machen wir jetzt?“, fragte Gabriel zähneklappernd.

„Wir müssen morgen auch in diesen Baumarkt", murmelte Mikael. „Da findet man ja alles, was man so braucht."

„Zum Beispiel alle Zutaten, um eine Bombe zu bauen!", wisperte Raphaela.

„Hast du sie noch alle? Eine Bombe?", schimpfte Gabriel. „Dieser Pistenwart verhält sich merkwürdig: Er spioniert uns im Auftrag von irgendwem hinterher, den wir noch identifizieren müssen. Deshalb muss er nicht zwangsläufig ein Dieb oder Terrorist sein!"

„Woher willst du das wissen?" Mikael war skeptisch.

„Ich weiß es nicht, irgendwie sieht er sympathisch aus, überhaupt nicht böse."

„Die größten Verbrecher sehen nicht immer aus wie Verbrecher!", erwiderte Raphaela. „Sie verstecken ihre wahren Absichten ... deshalb sind sie auch gefährlicher als die Banditen aus den Comics."

Als ihre Freunde stumm blieben, fuhr Raphaela fort: „Diese Einkaufsliste kommt mir einfach sehr verdächtig vor."

Gabriels Hände krampften sich um die Rollstuhlgriffe. Er murmelte: „Wir MÜSSEN dieses gestohlene Geld holen und es seinem Besitzer zurückgeben."

„Wir wissen doch gar nicht, wem es gehört."

„Das finden wir heraus", verkündete Gabriel mit Nachdruck. „Meine Hauptsorge ist, wie wir morgen unauffällig ins Tal kommen sollen. Könnt ihr euch vorstellen, was hier los ist, wenn uns die Lehrerinnen morgen nicht in unseren Zimmern finden?"

Raphaela griff wortlos nach Mikaels Rollstuhl und schob ihn zurück in Richtung Unterkunft. Gabriel schwieg ebenfalls. Die drei Freunde überlegten angestrengt.

„Mir tut der Rücken weh!", gestand Mikael, als sie den Hof betraten.

„Du Armer, das war ja auch ein harter Tag", sagte Raphaela mitfühlend.

Und Gabriel meinte: „Du musst das melden. Es darf sich nicht verschlimmern. Morgen kommst du besser nicht mit auf die Piste."

„Nein", presste Mikael zwischen den Zähnen hervor. „Das wäre nicht vernünftig."

Raphaela blieb stehen: „Du hättest ja auch was sagen können, du bist wirklich ein Idiot! Tut es sehr weh?"

„Ja, ich glaube, ich sollte ins Krankenhaus, damit man eine Röntgenaufnahme macht", antwortete Mikael.

„Sollen wir den Notarzt gleich anrufen?"

„Nein. So spät und bei diesem Wetter werden wir niemanden mehr belästigen. Außerdem möchte ich jetzt schlafen. Ihr nicht?“

„Aber …“

„Passt mal auf! Morgen, gleich morgen früh, frage ich die Lehrerin, ob man mich ins Krankenhaus im Tal bringen kann, und bitte sie, dass ihr mich begleitet. Ich sage, dass es zu deprimierend für mich wäre, ganz allein in der Notaufnahme zu warten …“

Gabriel und Raphaela grinsten. Jetzt verstanden sie Mikaels Plan.

Raphaela war immer noch besorgt: „Sag mir trotzdem mal ehrlich, ob du Rückenschmerzen hast.“

„Ich lüge gewöhnlich nicht“, erwiderte Mikael. „Ja, ich spüre meine Halswirbelsäule! Aber ich verspreche euch, dass ich trotzdem schlafen kann.“

„Und wenn wir im Krankenhaus sind …“

„Das sehen wir morgen“, sagte Mikael gähnend. „Wir finden schon eine Lösung, um einen Umweg zum Baumarkt …“

„Ich hab eine Idee“, unterbrach ihn Gabriel. „Was haltet ihr davon, Viktor mitzunehmen? Immerhin spioniert der Pistenwart auch ihm nach.“

Seine Freunde musterten ihn erstaunt.

„Zu viert wären wir doch zu viele!“, murmelte Raphaela.

„Dann könnten wir zwei Mannschaften bilden: Einer bleibt bei Mikael, die zwei anderen könnten unterwegs sein. Wenn Mikael im Krankenhaus gleich drankommt, wäre es schwierig für ihn, sich loszueisen. Dann könnte wenigstens die andere Mannschaft in den Baumarkt gehen.“

„Die Lehrerinnen würden das niemals allen vieren erlauben.“

„Einen Versuch wäre es wert. Sie sind so froh, dass wir Frieden geschlossen haben …“

Als sie im Schullandheim ankamen, stellte das Trio erleichtert fest, dass niemand ihren kleinen Ausflug verraten hatte. Ihre Mitschüler hatten Wort gehalten und schliefen bereits.

Gabriel schlich sich leise zu Viktor, weckte ihn und erzählte ihm flüsternd ihren Plan. Viktor freute sich so sehr, dass man ihn ins Vertrauen gezogen hatte, dass er sofort zusagte, das Trio am nächsten Tag ins Tal zu begleiten.

Fünf Minuten später kümmerten sich die beiden gemeinsam um Mikael, damit er aus dem Rollstuhl wieder in sein Bett kam.

Die Verschwörer schliefen trotz der vielen Gedanken, die durch ihre Köpfe schwirrten, schnell ein. Warum spionierte der Pistenwart sie aus? Wer war die Person, mit der er telefoniert hatte? Welchen Sprengsatz wollte er mit seiner verdächtigen Einkaufsliste bauen?

Kapitel 8

Notausgang in der Notaufnahme

Am Morgen rief die Bergpolizei bei den Kindern an. Frau Laurin kam in Raphaelas Zimmer und gab ihr lächelnd ihr Handy. Der für die Hunde zuständige Mann meldete sich, um Neuigkeiten von Kalumet zu überbringen.

„Danke auch noch mal deinen drei Freunden!", bat er. „Eurem Schützling geht es besser. Er trägt eine Schiene, um seine gebrochene Pfote zu schützen. Er hat noch ein bisschen Fieber, aber er wird es schaffen. Seine Mutter ist außer sich vor Freude!"

„Sehr nett, dass Sie uns angerufen haben", erwiderte Raphaela. „Wir freuen uns, dass wir Kalumet retten konnten."

„Ihr wart wirklich mutig und raffiniert, auch wenn ihr nicht gerade vorsichtig ..."

„Kann ich Ihnen mal eine ganz andere Frage stellen?", unterbrach ihn Raphaela ohne Umschweife.

„Hm, du willst das Thema wechseln, Mädchen, stimmt's?"

„Wissen Sie vielleicht, ob es gestern einen Diebstahl im Ort gab?"

Es blieb still in der Leitung. Frau Laurin zog die Augenbrauen hoch. Raphaela bereute ihre Frage. Aber die Geschichte hatte ihr in der Nacht keine Ruhe gelassen. Vielleicht war die Polizei längst hinter dem Pistenwart her?

„Wir sind ja die Bergpolizei und somit nur für Rettungseinsätze in den Bergen zuständig. In bestimmten Fällen bekommen wir Unterstützung von der Polizei, aber wir haben keine Informationen über Diebstähle oder andere Delikte in der Region. Warum fragst du?"

„Ach, nur so! Ich wollte wissen, wie Ihre Arbeit so aussieht", stotterte Raphaela und verabschiedete sich schnell.

Nachdem sie das Gespräch beendet hatte, reichte sie Frau Laurin ihr Handy und fragte, ob Mikael schon aufgestanden sei.

„Frau Caban hilft ihm gerade beim Anziehen", erwiderte die Lehrerin.

Raphaela sprang aus dem Bett. Sie wollte unbedingt wissen, ob Mikael in die Stadt fahren durfte.

Mikael war ein geschickter Verhandler gewesen. Während die beiden Klassen ihre Skianzüge und Skischuhe anzogen, um zur nebligen Piste hochzufahren, stiegen die vier Verschwörer in den Kleinbus des Schullandheims, um in die Stadt zu fahren. Die beiden Lehrerinnen waren ganz gerührt und freuten sich offensichtlich an Viktors verändertem Verhalten. Er half dem Chauffeur, Mikaels Rollstuhl in den Wagen zu hieven, war zu allen freundlich und lächelte. Er war nicht wiederzuerkennen.

Der Fahrer war der einzige Erwachsene, der die Kinder begleitete. Frau Laurin hatte ihm die Verantwortung übertragen, Mikael zur Notaufnahme zu bringen, damit sie mit den übrigen Kindern auf der Piste bleiben konnte.

„Sie lassen diese vier nicht aus den Augen", sagte sie streng zu dem Fahrer. „Und ich vertraue euch!", fuhr sie, an die Kinder gewandt, fort.

Die vier Detektive hatten daraufhin ein schlechtes

Gewissen. Um ihre Schuldgefühle zu beruhigen, versprachen sie sich gegenseitig, sich nicht in Gefahr zu begeben.

Punkt neun Uhr, nach zwanzig Minuten äußerst kurvenreicher Fahrt, erreichten sie den Parkplatz des Krankenhauses. Den vier jungen Passagieren war schlecht geworden und die frische Luft beim Aussteigen tat ihnen sehr gut. Doch schon in der Eingangshalle der Klinik setzte ihnen die Mischung aus Desinfektionsmitteln, Putzmitteln, Kaffee und anderen undefinierbaren Ausdünstungen erneut zu.

Im Wartesaal waren ungefähr dreißig Personen versammelt. Die zuständige Krankenschwester stellte Mikaels Rollstuhl ans Ende der Schlange und entschuldigte sich für die voraussichtliche Wartezeit von drei Stunden.

„In dieser Jahreszeit, wenn zu all den Krankheiten noch die Verletzungen vom Wintersport kommen, haben wir mehr als genug zu tun!"

Die vier begutachteten verstohlen die anderen Patienten. Die Skipisten hatten gerade erst geöffnet und es gab unter den Wartenden um diese Zeit noch keine Verstauchungen oder gebrochenen Arme. Dafür warteten sicher gemeine Mikroben nur eine Hustenattacke ab, um sich auf die Lungen der Neuankömmlinge zu stürzen.

Ihr Fahrer vertiefte sich umgehend in ein Sportmagazin. Das Quartett schaute etwas deprimiert zur Wanduhr: 9 Uhr 05.

Mikael beugte sich zu Gabriel und flüsterte: „Zieht schon mal los! Sobald ich ausbüxen kann, komme ich nach."

Gabriel tuschelte leise mit den anderen. Der Fahrer war in seine Lektüre versunken und hob nicht mal den Kopf.

„Viktor bleibt bei dir! Ich gehe mit Raphaela voraus!", sagte Gabriel leise zu Mikael.

„Wie wollt ihr überhaupt den Baumarkt finden?"

„Wir laufen erst mal Richtung Stadtzentrum und erkundigen uns dort."

„Okay! Seid vorsichtig!"

„Klar! Und ihr kommt so schnell wie möglich nach ..."

Gabriel und Raphaela verließen winkend den Warteraum.

Viktor setzte sich neben Mikael. „Hast du immer noch so starke Rückenschmerzen?"

„Viel weniger, die Nacht hat mir gutgetan."

„Was hältst du in diesem Fall davon, wenn wir etwas frische Luft schnappen würden und in drei Stunden rechtzeitig zu deiner Untersuchung zurückkämen?"

„Sie werden mir wohl kaum den Platz freihalten!"

„Unser Fahrer kann ihn ja für dich reservieren. Es gibt mehrere Dutzend Zeitschriften auf dem Tisch. Er wird sich nicht langweilen."

Tatsächlich hatte sich der Mann bislang nicht von seiner Lektüre abhalten lassen.

„Bei der nächstbesten Gelegenheit!", murmelte Mikael zustimmend.

Die Minuten verstrichen. Der Sekundenzeiger der Wanduhr drehte mit geräuschvollem Ticktack seine Runden, unterbrochen von dem Geschniefe oder den Hustenanfällen der Patienten.

Mikael streckte sich, gähnte und fragte dann mit lauter Stimme: „Meint ihr, dass ich Zeit habe, mal zur Toilette zu gehen?"

„Ich glaube schon!", erwiderte Viktor und sprang auf. „Ich bring dich hin."

Der Fahrer machte ebenfalls Anstalten, sich zu erheben. „Braucht ihr Hilfe?"

„Oh nein, vielen Dank! Halten Sie lieber meinen Platz frei!", bat Mikael.

„Kein Problem, du kannst auf mich zählen!“

Im langen Krankenhausflur leuchtete den beiden Jungen das grüne Notausgangschild entgegen, auf dem eine Person hinter einem Pfeil herrannte.

„Viktor, das ist das Zeichen für uns!“, verkündete Mikael schelmisch. „Was hältst du von einem Sprint zum Ausgang?“

„Super!!! Achtung! Du wirst gleich die Schallmauer durchbrechen!“

Viktor nahm Anlauf und sauste über die blitzenden Kacheln. Gegen seine Rückenlehne gepresst, lachte sich Mikael halbtot.

Zwanzig Meter weiter musste er sich bei einer brutalen Bremsung an seine Armlehnen klammern. Ein Krankenpfleger war aus einem Büro in den Gang getreten. Das war nicht der richtige Moment, sich als Formel-1-Pilot aufzuführen. Als Viktor an dem Mann im weißen Kittel vorbeiging, zog er ein ernstes und feierliches Gesicht.

Der Krankenpfleger schaute ihnen verwundert nach. Viktor entdeckte einen zehn Meter entfernten Aufzug. Ruhig steuerte er darauf zu und drückte auf den Knopf, während Mikael sich umdrehte und dem unliebsamen Zeugen sein freundlichstes Lächeln schenkte. Der dachte sich wohl, dass die beiden Jungen allein klarkämen, und ging seiner Wege.

Als sich die Türen des Aufzugs öffneten, war der Krankenpfleger außer Sicht, sie konnten problemlos ihren Weg zum Notausgang fortsetzen. An der schweren grauen Flügeltür drückte Mikael mit aller Kraft den Stangengriff nach unten und sie gelangten ins Freie.

Eine Viertelstunde später, genau um 9 Uhr 26, standen die beiden auf dem Parkplatz des Baumarktes, zu dem ihnen Passanten den Weg gezeigt hatten. Zwei Gestalten schossen hinter einem großen, im Winter leeren Blumentopf hervor. Viktor zuckte zusammen, aber Mikael hatte seine Freunde schon erkannt.

„Wir müssen uns dort verstecken", schlug Gabriel vor und wies auf ein Mäuerchen, hinter dem alle vier Platz hatten. Vor Blicken geschützt, teilte Gabriel den anderen seinen Plan mit: „Das Geschäft wird jeden Moment öffnen. Am besten, wir teilen uns wieder auf. Vier Kinder auf einmal wären zu auffällig. Ich gehe mit Mikael rein, um irgendetwas zu kaufen ... hm, was denn zum Beispiel?"

„Eine ganz besondere Glühbirne ... das Modell haben wir leider zu Hause vergessen", spann Mikael jetzt weiter. „Das liefert uns einen Vorwand, damit wir lange am selben Regal stehen können."

„Es gab keine Glühbirne auf der Einkaufsliste des Pistenwartes", warf Raphaela ein. „Also wird er sich wahrscheinlich gar nicht in dieser Abteilung aufhalten."

„Das ist perfekt, gut, dass du daran gedacht hast", sagte Gabriel. „Viktor und Raphaela, ihr kommt etwas später herein und versteckt euch hinter anderen Regalen. Selbstverständlich kennen wir uns nicht!"

„Und was machen wir, wenn der Pistenwart auftaucht?", fragte Viktor.

„Wir passen eine Gelegenheit ab, um ihm sein Portemonnaie und den Inhalt der geklauten Kasse wegzunehmen. Das ist das Wichtigste. Ohne Geld kann er nicht bezahlen und somit auch keine verdächtigen Einkäufe machen."

Um 9 Uhr 30 wurde die eiserne Jalousie des Ladens hochgekurbelt.

Mikael und Gabriel setzten sich lässig in Richtung Eingang in Bewegung, wie zwei Brüder, die einen Einkauf für ihre Eltern erledigten.

Raphaela wollte auch gerade ihr Versteck hinter der Mauer verlassen, als ein dröhnender Motor zu hören war. Viktor zog sie am Handgelenk zu ihrem Sichtschutz zurück, denn ein altes rotes Auto fuhr von der Straße auf den Parkplatz. Tatsächlich stieg der Pistenwart aus und griff nach einem schweren Rucksack auf dem Beifahrersitz. Ein metallisches Klirren ertönte, als er den Rucksack schulterte. Wie viele Geldstücke wohl darin klapperten?

Raphaela und Viktor warteten, bis der Mann im Inneren des Baumarktes war. Durch die großen Schaufenster sahen sie ihn auf ein Regal zusteuern. Jetzt näherten sie sich ebenfalls vorsichtig der Eingangstür und verschafften sich schnell einen Überblick.

Der Baumarkt hatte viele parallel aufgestellte Regale, gut geeignet zum Verstecken und Spionieren. Doch man riskierte auch, plötzlich dem Pistenwart gegenüberzustehen, da man nicht wusste, wo er seine Waren suchen würde.

„Wir müssen schnell sein!“, wisperte Raphaela.

„Er ist in diesem Gang hier mit den brennbaren Materialien verschwunden“, sagte Viktor. Dann verstummte er, da Gabriel am Ende des nächsten Ganges aufgetaucht war und ihnen zuwinkte. Unauffällig schlenderten sie zu ihm. Auf der rechten Seite war die Abteilung Leuchtmittel. Mikael hielt in jeder Hand einen Artikel. Er tat so, als könne er sich nicht entscheiden. Links war die Abteilung Gartenbedarf.

Im Vorbeigehen hörte Raphaela die Stimme eines jungen Verkäufers: „Sag mal, Bernard, wohin gehören diese Sonderangebotsetiketten?"

„Zu den Imprägniermitteln!", erwiderte eine ältere Stimme etwas ungeduldig. „Aber warte, es gibt vorher noch etwas Dringenderes zu erledigen. Kannst du nachsehen, ob die Bestellung für den Kaminkehrer von Combloux gekommen ist?"

Raphaela blieb stehen. Schritte entfernten sich. Als sie in den Gang schaute, den die Verkäufer gerade verlassen hatten, sah sie einen Stoß großer roter Etiketten am Boden liegen. *70 % Rabatt* stand darauf. Sie lief weiter zum nächsten Regal mit der Aufschrift *Säuren, Reinigungsmittel, Pflegemittel,* als sich eine Hand um ihren Unterarm schloss. Fast hätte sie laut aufgeschrien.

Es war nur Gabriel. Er zog seine Freundin bis zu den Glühlampen, wo die beiden anderen warteten.

„Ich habe dich gerade noch rechtzeitig gefunden, er hätte dich gesehen", flüsterte Gabriel. „Unser Typ steht jetzt an dem Regal mit Säuren und Reinigungsmitteln, du wärst ihm direkt in die Arme gelaufen."

„Uff", stöhnte Raphaela. „Habt ihr einen Plan?"

Die Jungen schüttelten mit ratlosen Gesichtern die Köpfe.

„Er müsste seinen Rucksack abstellen", überlegte Viktor halblaut, „die Frage ist nur: Wie sollen wir das hinkriegen?"

Raphaela bückte sich, um einen Blick unter Mikaels Rollstuhl zu werfen.

„Was suchst du?", fragte Mikael.

„Ich wollte nur nachschauen, wie man den Rucksack verstecken und damit das Geschäft verlassen könnte, ohne dass es jemand merkt."

„Super, dass du jetzt schon daran denkst!", lobte Viktor.

„Leider kann man ihn nicht unten befestigen."

„Ich lege ihn auf meine Knie", schlug Mikael vor, „und breite meinen Mantel darüber."

Raphaela hatte sich wieder aufgerichtet. Sie überlegte fieberhaft, und ihr Blick fiel dabei zufällig auf einen großen, weit hinten aufgestellten Verkaufsständer, dessen Beschriftung sie kaum entziffern konnte. *Imprägniermittel,* buchstabierte sie. Und plötzlich kam ihr ein Gedanke, der ihre Augen aufleuchten ließ. Das Hinweisschild für die Imprägniermittel stand genau gegenüber der Abteilung Säuren und Reinigungsmittel und wäre damit vielleicht auch im Blickfeld des Pistenwarts.

„Wartet hier auf mich!“, rief Raphaela. „Ich habe vielleicht eine Idee!“

Sie entfernte sich ohne weitere Erklärungen von den anderen und lief zurück zur Gartenabteilung. Dort nahm sie eines der roten Etiketten mit dem Aufdruck *70 % Rabatt* an sich und näherte sich wieder auf Fußspitzen dem anderen Regal. Den Pistenwart, der gerade die Aufschriften verschiedener Spraydosen studierte und ihr den Rücken zukehrte, ließ sie nicht aus den Augen. Blitzschnell befestigte sie das rote Etikett auf dem Verkaufsständer mit Imprägniermitteln und ging danach hinter dem Schild in die Hocke. Sie hoffte inständig, dass auf der Vorderseite weder ihre Locken noch etwas von ihrer Kleidung zu sehen war.

Die drei Jungen beobachteten ihr Treiben verständnislos.

Kapitel 9

Imprägniermittel im Sonderangebot!

Sekunden später drehte sich der Pistenwart um. Die Jungen erschraken und fürchteten schon, dass sie ertappt waren, doch der Mann schaute nicht in ihre Richtung. Er stoppte vor dem Verkaufsständer mit den Imprägniermitteln, sah das große rote Etikett, schien zu zögern und griff nach einem der Produkte. Dann überlegte er es sich anders und stellte das Spray zurück.

„Das solltest du ausprobieren!“, sagte der junge Verkäufer, der in diesem Moment wieder aus dem Lager zurückkam. „Es ist eine exzellente Marke! Du verbringst doch als Pistenwart den ganzen Winter draußen. Teste es mal an deiner Daunenjacke! Schnee und Regen werden danach einfach abperlen!“

„Das Angebot ist interessant! 70 % Rabatt …"

Der Verkäufer schaute auf das rote Etikett, wunderte sich, gab jedoch keinen Kommentar ab, sondern fuhr fort: „Wenn du erlaubst, werde ich dir deinen Anorak mit dem Produkt einsprühen. Ich wette mit dir, in der nächsten Schlechtwetterperiode kommst du zurück, um deinen ganzen Skianzug damit zu imprägnieren."

Der Pistenwart lächelte und ließ seinen Rucksack von den Schultern gleiten. Der Verkäufer trat fünf oder sechs Schritte zurück.

„Stell dich hier unter den Lüftungsschacht, dann werden die Ausdünstungen schneller verwirbelt."

Als das „Pschhhhhh" der Spraydose einsetzte, steckte Raphaela den Kopf aus ihrem Versteck. Am Ende des Ganges gestikulierten ihre Freunde wie wild und deuteten auf den Rücksack auf dem Boden. Der Verkäufer wandte ihr den Rücken zu, der Pistenwart stand ihr genau gegenüber …. Glücklicherweise hatte er zum Schutz vor dem Spray seine Augen geschlossen.

Jetzt oder nie!

Raphaela wagte sich mit zwei Schritten aus ihrem Versteck, packte den Rucksack und presste ihn fest an sich, damit die Geldstücke nicht klimperten.

„Dreh dich um!“, bat der Verkäufer in diesem Augenblick.

Raphaela geriet in Panik, doch der Pistenwart drehte sich brav um und nun schauten beide Männer in die Gegenrichtung.

Raphaela sauste zu den drei Jungen, warf den Rucksack auf Mikaels Knie, der sofort seinen Anorak darüberdeckte. Gabriel übernahm den Rollstuhl und alle vier rannten gemeinsam zum Ausgang.

„Sei ihr fündig geworden?“, ertönte die Stimme von Bernard, als sie an der Kasse vorbeieilten.

Die Flüchtenden blieben erschrocken stehen. Waren sie gemeint? Mikael schaute zur Kasse. Der Verkäufer lächelte ihm zu.

„Äh, nein, leider gab es zu viele ähnlich aussehende Glühlampen. Wir müssen später noch einmal kommen und das Modell mitbringen, das wir zu Hause vergessen haben.“

„Was man nicht im Kopf hat, hat man in den Beinen!“, erwiderte der Verkäufer grinsend. Dann schlug er sich mit der Hand auf den Mund.

„Entschuldigung!“, sagte er zu Mikael. „Ich bin Spezialist für Fettnäpfchen.“

„Das macht wirklich nichts“, beruhigte ihn Mikael

mit einem verkrampften Lächeln und presste seine Hände auf den Anorak.

Die Kinder zügelten jetzt ihr Tempo und verließen so unauffällig wie möglich den Baumarkt. Sie liefen ohne Eile bis zur Straßenecke, dann rasten sie los.

„Tempo!", rief Gabriel. „Zurück zum Krankenhaus!"

„Gute Idee!", sagte Viktor. „Wenn sie bemerken, dass wir den Rucksack geklaut haben, suchen sie uns sicher nicht in der Notaufnahme."

„Und unsere Fußabdrücke?", gab Raphaela zu bedenken.

Ihre Freunde drehten sich um. Auf dem schneebedeckten Trottoir sah man drei Reihen Fußspuren und zwei parallele Linien des Rollstuhls.

„Du hast recht", sagte Gabriel. „Wir sollten auf die Straße ausweichen."

Sie setzten ihren Weg auf dem nassen Asphalt fort. Glücklicherweise war es ruhig auf den Straßen der kleinen Stadt. Zwei Autos überholten sie und drückten kräftig auf die Hupe. Dann kam ihnen ein Kleinbus entgegen, blendete sie mit heftig aufblinkendem Fernlicht, bevor er mit quietschenden Reifen neben ihnen anhielt. Bestürzt erkannten die vier Ausreißer den Fahrer aus dem Schullandheim.

„Ups!“, murmelte Viktor, als die Fahrertür aufging.

„Macht euch auf die Standpauke des Jahrhunderts gefasst!“, seufzte Mikael.

Die bekamen sie. Der Fahrer war verärgert, beleidigt und voller Sorge. Nachdem er die Kinder heftig ausgeschimpft hatte, ließ er sie einsteigen. Zum Glück hatte er sie noch nicht als vermisst gemeldet. Er hatte entschieden, zuerst eine Runde in der Stadt zu drehen und sie zu suchen, bevor er die Lehrerinnen informierte.

Die Kinder wollten ihm lieber nicht den Grund für ihren Ausflug nennen.

„Im Wartesaal war es so stickig, wir mussten einfach mal frische Luft schnappen!“, behauptete Gabriel. „Und dann haben wir gar nicht bemerkt, wie die Zeit verging.“

„Frische Luft schnappen, genau! Und dabei ist dieser Junge bei minus fünf Grad im Pullover unterwegs!“, donnerte der Fahrer und zeigte auf Mikael, der seinen Anorak zusammengerollt auf den Knien hielt und in seinem dünnen Baumwollpullover vor Kälte bibberte.

Die vier Verschwörer entschuldigten sich wortreich bei dem Fahrer und schafften es, ihn nach einer anstrengenden Viertelstunde wieder zu besänftigen.

In seiner Aufregung war er automatisch Richtung Unterkunft gefahren. Erst bei den letzten Kurven rief er aus: „Na toll! Wegen dieses ganzen Durcheinanders habe ich vergessen, dass wir ja zur Ambulanz zurückfahren müssen!"

Als er zum Umkehren ansetzen wollte, sagte Mikael: „Es geht mir inzwischen wieder sehr viel besser! Ich muss gestern eine falsche Bewegung gemacht haben. Meine Verspannung am Rücken hat sich bei unserem heutigen Spaziergang wieder gelockert. Wir müssen nicht mehr ins Krankenhaus."

„Na gut", brummte der Fahrer, „im Wartesaal sind in der Zwischenzeit auch mindestens zehn neue Patienten dazugekommen!"

Er war erleichtert, dass alles gut ausgegangen war, und wollte den kleinen Zwischenfall für sich behalten. Wer weiß, wie die Lehrerinnen reagieren würden.

Wenig später waren die vier Kinder wieder im Schullandheim. Da außer ihnen niemand im Haus war, setzten sie sich im Zimmer von Gabriel und Mikael zusammen.

„Machen wir diesen Rucksack jetzt auf?", fragte Mikael und zog die Beute unter seiner Jacke hervor.

Gabriel setzte sich auf ein Bett und zerrte an dem

Reißverschluss. Eine Flut von Münzen und Scheinen ergoss sich über die Bettdecke. Die Kinder betrachteten stumm und überrascht diesen Schatz, der wie der Inhalt einer Kasse aussah, mit vielen Cent- und Euromünzen, kleinen Scheinen und einem einzigen Fünfzig-Euro-Schein als Krönung.

„Jetzt müssen wir den Eigentümer finden ...“, murmelte Raphaela. „Gibt es keinen Hinweis darauf im Rucksack?“

Gabriel verneinte.

„Schaut mal, eine Wertmarke für einen Einkaufswagen!“, rief Viktor. „Vielleicht ist das die geplünderte Kasse eines Supermarktes?“

„Wir sollten ins Dorf gehen und uns bei den kleinen Läden erkundigen“, schlug Mikael vor.

„Hier ist eine ausländische Münze“, stellte Raphaela fest. „Die Kassiererin hat wohl nicht aufgepasst ... Es gibt so viele Betrüger ...“

Gabriel blieb stumm und schien nachzudenken. Er starrte lange auf den Münzhaufen und schüttelte den Kopf.

„Oder das ist vielleicht die Kollekte der letzten Messe ...“, überlegte er.

„Was???“, fragten die drei anderen im Chor.

„In der Pfarrei helfe ich Pfarrer Elmont immer, die Spendenkörbchen zu leeren. Ihr könnt euch nicht vorstellen, was man darin manchmal findet ... Das ist wirklich lustig. Da gab es auch schon Wertmarken für Einkaufswagen und fremde Währungen."

„Die Leute sind dreist!", kommentierte Mikael.

„Es kommt nicht so oft vor ..."

„Wirklich dreist ist aber dieser Übeltäter von Pistenwart!", regte sich Raphaela auf. „Geld aus der Kollekte stehlen? Und davon dann Zubehör für eine Bombe zu kaufen!"

„Unglaublich!", schnaubte Viktor.

„Steigert euch nicht so rein!", bat Gabriel. „Bevor wir ihn dieser Tat beschuldigen, müssen wir sie beweisen. Was haltet ihr davon, jetzt gleich zur Kirche zu gehen? Der Pfarrer wird uns schon sagen, ob man ihm seine letzte Kollekte geklaut hat."

„Einverstanden!", rief Mikael und machte sich mit seinem Rollstuhl abfahrbereit.

Als die Kinder ankamen, schlug die Kirchenglocke: Es war halb elf. Sie klingelten am Pfarrhaus auf der anderen Seite des Parkplatzes, gegenüber der Kirche.

Niemand öffnete.

„Der Pfarrer ist vielleicht in der Kirche. Schauen wir mal nach?“

Raphaela war bereits über den Parkplatz gelaufen, drückte gegen die schwere Holztüre und hielt sie für ihre drei Freunde auf. Sie betraten eine moderne Kirche mit bunten Fenstern.

Das Kirchenschiff war leer. Vorne, neben dem Chorraum, wies ein Lichtstrahl auf die Tür zur Sakristei. Gabriel war schon dorthin unterwegs, als ein unterdrückter Aufschrei von Raphaela ihn stoppte. Die Eingangstür war gerade zugefallen.

„Was ist los?“, flüsterte Viktor.

„Kurz bevor die Tür zuklappte ... habe ich es auf dem Parkplatz ankommen sehen ... das Auto des Pistenwartes ... ich habe sein Gesicht erkannt ... er sah sehr verärgert aus!“

„Hat er dich bemerkt?“

„Ich glaube nicht.“

Gabriel stürmte zur Tür und öffnete sie vorsichtig einen Spaltbreit.

Der Pistenwart drehte ihm den Rücken zu. Er befand sich vor der Tür des Pfarrhauses. Jetzt öffnete er sie, ohne zu klingeln, und schlüpfte ins Haus.

Die Kinder rannten nun alle zur Sakristei, wo sie

auf den Pfarrer trafen, der die Altarwäsche aufräumte. Gabriel blieb einen Moment auf der Schwelle stehen und betrachtete den Priester. Er hatte das Gefühl, ihn schon einmal gesehen zu haben. Aber das musste ein Irrtum sein.

Der Priester unterbrach seine Arbeit und warf ihm einen erstaunten Blick zu.

„Guten Tag, Herr Pfarrer", begann Gabriel ohne Umschweife. „Wir sind hier auf Skifreizeit. Sagen Sie, hat man Ihnen das Geld der letzten Kollekte gestohlen?"

„Oh ja!", antwortete der Pfarrer überrascht.

Gabriel ließ ihm keine Zeit weiterzusprechen.

„Wir haben es gefunden! Schauen Sie, darin ist es!"

Mikael schwenkte den schweren Rucksack auf seinem Schoß hin und her.

„Das war ein Dieb! Wir haben ein Telefongespräch von ihm belauscht!"

Da der Pfarrer immer noch verblüfft schwieg, erzählten die Kinder abwechselnd ihr Abenteuer in allen Einzelheiten.

„Und das ist noch nicht alles, Herr Pfarrer!", schloss Gabriel ihren gemeinsamen Bericht. „Dieser Mann ist gerade ins Pfarrhaus eingedrungen. Er sah so aus, als habe er etwas vor. Sie hätten sein Gesicht sehen sollen!"

Während die Kinder sprachen, veränderte sich die Miene des Pfarrers. Zunächst war er erstaunt gewesen, hatte dann ungläubig gelächelt, schließlich strahlte er übers ganze Gesicht und brach in lautes Lachen aus. Wieder meinte Gabriel, auch dieses Lachen zu kennen. Er dachte nicht länger darüber nach, denn die Reaktion des Pfarrers verwirrte ihn.

„Kommt mit mir!", sagte der Pfarrer, der nun wieder ernst war. „Lasst uns schnell ins Pfarrhaus gehen. Wir müssen unbedingt diesen Typen stoppen!"

„Wieso ...", wisperte Raphaela erschrocken.

„Folgt mir! Und ihr werdet alles über diesen gefährlichen Spion erfahren!"

Kapitel 10
Die Masken fallen

„Hervé!“, rief der Pfarrer, als er das Pfarrhaus betrat.

Keine Reaktion.

Der Pfarrer half Mikael über die Türschwelle, dann rief er noch einmal etwas lauter: „Hervé! Ich habe die Diebe ausfindig gemacht!“

Bei diesen Worten hätte die Detektive fast der Schlag getroffen.

Eilige Schritte trampelten die Treppe herunter. Dann stand der Pistenwart vor ihnen. Sein Mienenspiel verriet nichts Gutes: Zorn, Misstrauen und absolute Verständnislosigkeit schlugen ihnen entgegen.

Der Pfarrer zertreute lächelnd die allgemeine Verunsicherung.

„Kinder, ich stelle euch Hervé vor. Er ist von Beruf Pistenwart. In seiner Freizeit arbeitet er als ehrenamtlicher Küster der Pfarrei.

Gestern Abend ist er vorbeigekommen und hat die Kasse geplündert, wie er es genannt hat. Natürlich hatte ich ihn gebeten, wie immer das Geld aus der Kollekte mitzunehmen. Wir haben dann am Telefon überlegt, was er davon einkaufen sollte. Und genau dieses Gespräch habt ihr belauscht. Ich verstehe, dass euch die Liste Angst gemacht hat, und werde euch aufklären: Die Kohle und die Zünddochte brauchen wir für den Weihrauch, das Spray dient dazu, die Kerzenleuchter aus Kupfer zu polieren, die Kerzen sind für die Opferlichttische und das Fass, also genauer gesagt das Weihrauchfass, muss mit Benzin gereinigt werden. Die Reißzwecken sind für die Aushänge am Schwarzen Brett und die Gasflasche brauche ich in der Küche, um meine Nudeln zu kochen. Auch ein Pfarrer hat mal Hunger!“

Die Kinder waren sprachlos und trauten ihren Ohren nicht, als der Priester fortfuhr.

„Mein hochgeschätzter Küster wollte gerade diesen Einkauf erledigen, als plötzlich sein Rucksack wie vom Erdboden verschluckt war. Die Bilder der Überwachungskamera haben eure Beteiligung an diesem Zaubertrick verraten.“

Die Kinder wechselten einen Blick. An die Kameras hatten sie nicht gedacht!

„Hervé hat mich angerufen, um mich über den Diebstahl zu informieren. Der Arme war sehr geknickt. Und vor allem enttäuscht. So etwas hätte er euch nicht zugetraut ... Er hat sogar überlegt, ob er euch bei der Polizei anzeigen soll ... Ich bin froh, dass er sich darüber keine Gedanken mehr machen muss.“

Als Hervé klar wurde, dass ein großes Missverständnis zu dem Diebstahl geführt hatte, überzog ein breites Grinsen sein Gesicht. Er nickte.

„Ich bin auch sehr froh! Nichts für ungut, Kinder, auch wenn ihr mir einen aufregenden Vormittag bereitet habt. Ihr habt mich verfolgt, weil ihr mutig und ehrlich seid.“

Er reichte zuerst Mikael, dann Raphaela die Hand. Als er Gabriel die Hand gab, kreuzte der seine Finger hinter dem Rücken.

„Warten Sie, da ist noch etwas, das ich nicht verstehe. Gestern haben Sie uns ausspioniert. Warum? Wer hat Sie darum gebeten? Sie haben am Telefon von dieser Person gesprochen. Wer ist das?“

„Ausspioniert?“, wiederholte Hervé zögernd. „Ich habe euch nicht ausspioniert. Ich wollte nur von Weitem sichergehen, dass euch in den Bergen nichts passiert. Das ist mein Beruf.“

„Aber Sie haben das im Auftrag von jemandem gemacht!“, beharrte Gabriel.

„Sie haben von einem *Kommandeur* gesprochen. Sie haben auch gesagt, dass die Lehrerinnen ihre Rolle als Komplizinnen gut gespielt hätten.“

„Komplizinnen von wem? Von was?“, hakte nun auch Raphaela nach.

Hervé und der Pfarrer schauten sich an wie zwei Angeklagte, die nicht wussten, wie sie eine unangenehme Befragung überstehen sollten. Der Pfarrer hüstelte und trat verlegen von einem Bein auf das andere.

„Hört zu, wir können es euch nicht sagen. Ich bin durch ein Versprechen, durch ein Geheimnis daran gebunden ...“

„Aha ... das ist sicher das Beichtgeheimnis?“, lästerte Gabriel.

Er bereute seinen Einwurf umgehend, denn der Priester erwiderte ruhig: „Nein, es ist einfach nur ein Geheimnis. Und auch das soll nicht verraten werden.“

Gabriel nickte und seufzte.

„Werden wir es später erfahren?“, wollte Raphaela neugierig wissen.

Der Pfarrer nickte lächelnd.

Kurz darauf waren die Kinder wieder im Schullandheim.

„Wer hat mir bloß dieses nervige Quartett aufgedrückt?“, regte sich der Fahrer auf, als er sie kommen sah. Er stand am Eingang und wartete ungeduldig auf sie. Vielleicht hatte er das Gebäude auch schon fünfzehnmal vom Dachboden bis zum Keller nach ihnen abgesucht. Die Kinder wollten es nicht wissen.

„Zieht schnell eure Skisachen an! Eure Lehrerinnen haben mich angerufen! Ich soll euch zur Piste zu euren Mitschülern bringen. Kommt in die Pötte, dalli, dalli! Dann müsst ihr euch auch hier nicht mehr so langweilen und dauernd davonlaufen. Ich erwarte euch auf dem Parkplatz!“

Die Ausreißer rannten kichernd und gleichzeitig verlegen zum Umkleideraum. Die Verzweiflung des netten Fahrers beschämte sie.

Gabriel half Mikael gerade beim Anziehen der Schuhe, als sie die nachdenkliche Stimme Viktors hinter sich hörten.

„Es ist eigenartig, dieser Priester … Ich habe das Gefühl, ihn schon irgendwo gesehen zu haben."

Gabriel zuckte zusammen.

„Du auch? Das ist unglaublich! Mir geht es genauso. Und euch?", fragte er in die Runde.

„Nein", erwiderte Raphaela.

„Er erinnert mich an niemanden", versicherte auch Mikael nach kurzem Nachdenken.

„Ich hoffe, er hält Wort", fuhr Raphaela fort, „und wir erfahren mehr über diese Spionagegeschichte. Es ist frustrierend, dass …"

„Er hat sich verpflichtet, das Geheimnis zu bewahren, uns ist es jedoch nicht verboten, es selbst herauszufinden", gab Gabriel zu bedenken.

„Das sehe ich auch so", stimmte ihm Mikael zu.

„Heute Abend nach dem Skifahren könnten wir noch einmal ins Pfarrhaus gehen."

„Wir werden doch nicht bei dem Pfarrer herumschnüffeln!", protestierte Raphaela.

„Herumschnüffeln? Nein! Das gehört sich nicht. Nur, wer weiß … Manchmal ergeben sich Gelegenheiten … Seid ihr fertig?"

Eine halbe Stunde später saßen die vier Verschwörer wieder mit ihren Klassenkameraden zusammen beim Picknick. Sie wurden mit Fragen überhäuft: Alle standen um das Bi-Ski von Mikael herum, um zu erfahren, was die Ärzte gemacht hatten und ob er jetzt weniger Rückenschmerzen habe.

Die vier Nachzügler wichen den Fragen über die Notaufnahme geschickt aus. Mikael strahlte und versicherte, dass es ihm wieder gut ginge. Seine Freunde und er fürchteten, dass der Fahrer Frau Laurin von ihrer Spritztour aus dem Krankenhaus erzählt hatte. Sie beobachteten verstohlen das Gesicht ihrer Lehrerin. Aber der Fahrer hatte sie nicht auffliegen lassen.

Am Abend, nach dem Skifahren, stand für alle Raclette auf dem Programm. Die vier Verschwörer waren begeistert und wollten dann doch nicht so gern diesen Höhepunkt der Woche ausfallen lassen, um im Pfarrhaus zu spionieren. Sie beschlossen, ihre Nachforschungen auf den nächsten Tag zu verschieben.

„Außerdem ist morgen Sonntag“, bekräftigte Raphaela ihren Entschluss. „Während der Messe können wir uns den Pfarrer genauer vornehmen. Und ihr erinnert euch vielleicht, wo ihr ihn schon gesehen habt.“

Dieses Argument überzeugte alle.

Im Verlauf des Abends zeigte sich Viktor zum ersten Mal auch im großen Kreis gut gelaunt. Er lachte über die Witze von Antonin, obwohl diese ziemlich platt waren. Er achtete darauf, dass Mikael genug zu essen bekam. Er ging sogar so weit, dass er den anderen ihr Raclette-Pfännchen gab, bevor er sich selber bediente. Und er füllte die Wasserkaraffen auf. Als Noémie ihr Glas zerbrach, sprang er als Erster auf und holte Schaufel und Besen.

Kurz und gut: Er war wie verwandelt.

Auch die Lehrerinnen bemerkten die Veränderung. Die beiden Klassen fingen endlich an, den neuen Mitschüler zu akzeptieren, den sie noch Anfang des Jahres nicht ausstehen konnten.

Am nächsten Morgen beim Frühstück kam Frau Laurin an Viktors Tisch. Sie hielt ihr Telefon in der Hand.

„Deine Mutter möchte dich sprechen, Viktor."

Viktor stand auf und verließ den Raum.

Frau Laurin machte ein ernstes Gesicht, sie wirkte sogar etwas angespannt. Das verhieß bestimmt nichts Gutes.

Als die Kinder ihre Jacken anzogen, um zur Kirche aufzubrechen, näherte sich Frau Laurin dem Trio und bat sie zu sich.

„Kinder, Viktor hat gerade mit seiner Mutter telefoniert. Sie hat ihn darüber informiert, dass er nach der Scheidung mit ihr nach Nordfrankreich ziehen muss."

„Wann?", fragte Gabriel.

„Der Umzug wird in zwei Wochen stattfinden."

„Was!"

Diese Neuigkeit fühlte sich an, als hätte sie ein Fußball direkt in den Magen getroffen.

„Euer Freund ist in seinem Zimmer. Er weigert sich, in die Messe zu gehen. Vielleicht könnt ihr ihn überreden. Es tut ihm nicht gut, allein Trübsal zu blasen."

„Wir versuchen es", erwiderte Gabriel. „Gehen Sie schon mal vor, wir kommen nach."

Als das Trio Viktors Zimmer betrat, schien er nicht da zu sein. Das Fenster stand offen. Es war eiskalt.

„Viktor!", rief Raphaela mit bebender Stimme.

Gabriel ging um ein Etagenbett herum. Dort entdeckte er den Freund. Er saß auf dem Fußboden hinter einem Vorhang, der im Wind flatterte.

Viktor hatte den Kopf auf die Knie gelegt und zitterte vor Kälte. Als Gabriel ihn ansprach, hob er nur seufzend die Schultern.

„Viktor!", wiederholte Gabriel und rüttelte an seinem Ellbogen.

„Lass mich!“, brummte Viktor.

Gabriel schaute ratlos zu seinen Freunden. Mikael war mitten im Zimmer stehen geblieben, da sein Rollstuhl nicht hinter das Bett passte.

„Viktor, steh auf! Komm mit uns!“

Viktor schüttelte stumm den Kopf.

„Frau Laurin hat uns alles erzählt“, begann Raphaela leise. „Wir sind auch sehr traurig.“

Es blieb zunächst still. Dann murmelte Viktor: „Für euch ist es nicht schlimm. Ihr bleibt zusammen. Ihr seid zu dritt!“

Mikael räusperte sich und widersprach.

„Natürlich ist es für uns schlimm. Du wirst uns fehlen. Ohne dich ist die Klasse nicht vollständig.“

„Dabei hätten wir so etwas gestern noch nicht gesagt“, warf Gabriel grinsend ein. „Was für ein Glück, dass wir Freunde geworden sind, bevor ...“

„Was für ein Glück?“, wiederholte Viktor mit erstickter Stimme.

Er hob den Kopf. Gabriel und Raphaela sahen seine roten Augen, die empört funkelten.

„Ein Glück? Das ist jetzt für mich noch härter. Wenn wir uns weiterhin nicht verstanden hätten, wäre ich froh gewesen, euch los zu sein.“

„Nicht wirklich froh“, widersprach Raphaela. „Krieg macht nicht glücklich.“

„Und Abschiede machen glücklich?“

„Das wird nur ein ‚Auf-Wiedersehen‘“, fuhr Gabriel fort und drückte Viktors Arm. „Du wirst uns besuchen. Deine Großeltern sind unsere Nachbarn. Du kommst, sobald du Ferien hast. An Ostern, zum Beispiel.“

„Wenn die Erwachsenen es erlauben. Es sind immer sie, die entscheiden. Und sie werden immer einen Vorwand finden, um ...“

„Komm schon, Viktor, du musst nicht alles so schwarzsehen!“

„Ihr habt keine Ahnung!“, explodierte Viktor. „Eure Eltern lassen sich nicht scheiden. Ihr müsst nicht zum dritten Mal im Jahr in eine neue Schule!“

Das Trio schaute bekümmert. Deshalb war Viktor übergangsweise bei seinen Großeltern ... Deshalb war er so aggressiv!

„Ich bin sicher, dass man dich in deiner neuen Schule gut aufnimmt“, versuchte Raphaela ihn aufzumuntern.

„Vor allem, wenn du nicht alle vom ersten Moment an gegen dich aufbringst.“

Gabriel hatte diese Bemerkung nicht unterdrücken

können. Viktor warf ihm einen vernichtenden Blick zu und zum ersten Mal konnten die drei darüber lachen.

„Du hast lange nicht mehr deine beiden Laserstrahlen eingesetzt. Gut, dass wir inzwischen dagegen immun sind! Wir möchten nämlich die Tage, die uns noch zusammen bleiben, mit dir genießen."

Mikael schaute auf seine Armbanduhr.

„Es ist 10 Uhr 35. Die Messe hat schon begonnen."

Viktor verzog den Mund. Er wollte widersprechen, als Gabriel meinte: „Ich habe keine Lust mehr hinzugehen. Ich hätte nur zu gerne gewusst, wer der Pfarrer ist. Aber das ist jetzt auch egal."

Viktor sprang auf. „Das hatte ich ganz vergessen. Ich will es auf jeden Fall wissen", erklärte er entschlossen und holte seinen Anorak.

Er rannte im Laufschritt zur Kirche. Das Trio hatte Mühe, ihm zu folgen. Wie schön, dass Viktor sich wieder aufgerafft hatte. Wie gut, dass es diesen Pfarrer gab und diesen geheimnisvollen Auftraggeber.

Viktor öffnete die Kirchentür und lauschte. Die Gemeinde war gerade dabei, sich auf die Bänke zu setzen.

„Sie sind schon bei der ersten Lesung", flüsterte Gabriel hinter ihm.

Eine männliche Stimme ertönte aus dem Mikrofon und verkündete eine Stelle aus dem Alten Testament. Gabriel und Viktor zuckten zusammen, Raphaela und Mikael wunderten sich.

Mit einem Ruck stießen die beiden Jungen den Türflügel auf. Ein eiskalter Windstoß fuhr ins Kirchenschiff. Einige Köpfe drehten sich empört zu den Zuspätkommenden. Gabriel und Viktor interessierten sich nicht für die wütenden Blicke. Sie hatten nur Augen für den Lektor.

„Nicolas", murmelte Gabriel.

„Nicolas", kam es wie ein Echo von Viktor.

Dann drehte er sich zu seinem Freund um.

„Kennst du ihn?"

„Na klar, das ist mein Pate? Und du?"

„Tja ... das ist auch mein Pate."

Ihre Augen richteten sich wieder auf den Lektor. Der hatte die zwei Jungen, die nebeneinander am Eingang standen, ebenfalls erspäht. Mit einer kleinen Geste gab er ihnen zu verstehen, dass noch Plätze in der ersten Bank frei waren.

Dann begann er mit der Lektüre.

Kapitel 11
Epilog

Drei Schritte vom Chorraum entfernt saßen die beiden Jungen direkt neben ihrem Paten. Sie hatten die ganze Messe über Zeit, um festzustellen, wie ähnlich sich der Priester und Nicolas sahen: die gleichen Wangengrübchen, der gleiche schelmische Blick, die gleichen Gesten. Nicolas war nur deutlich größer und blond, während sein Komplize braunhaarig war. Der Pfarrer hielt eine Predigt voller Lebensfreude, und man ahnte, dass ihm der Streich, den sie den Kindern gespielt hatten, großen Spaß gemacht hatte.

„Du hättest mir sagen können, dass du einen Bruder hast, der Pfarrer ist", beschwerte sich Gabriel, als er mit Nicolas den Friedensgruß tauschte.

„Das ist nicht mein Bruder“, flüsterte sein Pate mit hintergründigem Lächeln und umarmte seine beiden Patenkinder.

„Ihr wisst doch, dass ich nur drei Schwestern habe, oder?“

Und er ließ sie über dieses neue Rätsel meditieren und gab Raphaela und Mikael die Hand.

Die zwei Männer waren nur Cousins und alle beide hatten viele Familienähnlichkeiten geerbt. So erklärte es Nicolas seinen Patensöhnen, als sie nach der Messe auf dem Kirchplatz zusammenstanden. Eine Traube von Kindern hatte sich um sie herum versammelt. Alle wollten erfahren, welche komplizierten Verwandtschaftsverhältnisse da gerade aufgedeckt worden waren.

„Wie kann es sein, dass ihr denselben Paten hattet, ohne es zu ahnen?“, fragte Emil.

Nicolas holte weit aus.

„Ich habe die Eltern von Gabriel während meines Studiums kennengelernt und die Eltern von Viktor in einem Orchester, in dem ich Trompete spielte. Ich war mit beiden Paaren eng befreundet, ohne dass diese sich jemals kennengelernt haben. Sie lebten nicht in derselben Stadt …“

„Und als ich letzten Monat bei meinen Großeltern untergekommen bin“, unterbrach ihn Viktor, „kamst du nicht auf die Idee, mir zu sagen, dass dein anderer Patensohn um die Ecke wohnt?“

„Doch, ich hatte die Idee“, amüsierte sich Nicolas. „Ich habe dich sofort angerufen, um es dir mitzuteilen, aber ...“

„Aber?“

„Du warst nicht zu Hause, deine Großmutter erzählte mir, dass du ... wie soll ich sagen ... mit Gabriel und den anderen Kindern aus deiner neuen Schule verkracht warst.“

Viktor wurde rot und nickte.

„Das stimmt“, murmelte er, „ich hasste sie alle. Seit gestern ist mir klar, dass ich sie mag. Und genau jetzt muss ich wieder weg.“

Die Mitschüler machten große Augen. Frau Laurin hatte sie noch nicht über die neue Situation informiert.

„Was erzählst du da?“

„Das gibt es doch nicht!“

„Wir können dich auch gut leiden. Du wirst doch nicht wirklich weggehen?“

Alle redeten wild durcheinander.

Um die allgemeine Aufregung etwas zu stoppen,

fragte Gabriel seinen Paten: „Und ich? Warum hast du nicht mit mir über Viktor gesprochen?"

„Aus demselben Grund. Als ich mit dir telefonierte, hast du mir deine ganze Wut über Viktor ins Ohr gebrüllt. Da habe ich vorgezogen ..."

„...uns einen anonymen Brief zu schreiben?", rief Viktor aus.

„Ja", gestand der Pate lächelnd, „und darauf zu setzen, dass ihr intelligent und großzügig genug seid, diese Unstimmigkeit zu beenden. Ich habe mich extra bemüht, meine Schrift zu verändern, damit ihr mir nicht auf die Spur kommt, und beide Briefe an Pfarrer Elmont geschickt. Er hat dann den einen Brief an Gabriels Ministrantengewand gesteckt und den anderen in Viktors Briefkasten."

„Wer ist Pfarrer Elmont?", fragte Viktor.

„Er ist der Pfarrer eurer Gemeinde", erwiderte Nicolas. „Ich kenne ihn seit der Taufe und der Kommunion von Gabriel. Ein guter Mann! Deshalb habe ich nicht gezögert, ihn um Hilfe zu bitten. Danach habe ich meinen Cousin angerufen, der Priester hier im Dorf ist, und auch ihn gebeten, mein Komplize zu werden. Ich wollte versuchen, euch in den Bergen durch ein besonderes Erlebnis zusammenzubringen. Die Berge sind ein außergewöhnlicher Ort. Ich weiß, dass hier tiefe Freundschaften entstehen können, selbst unter Menschen, die ganz unterschiedlich sind. Wenn man dort oben in schwierige Situationen gerät, zeigt sich, wer wirklich mutig und solidarisch ist.“

Nicolas wandte sich nun auch an Raphaela und Mikael, die gebannt zugehört hatten.

„Mir war klar, dass das ganze Quartett dabei sein müsste, ich hatte allerdings keine Ahnung, wie dieses Abenteuer aussehen sollte. Mein Cousin und ich, wir stellten uns eine spielerische Aufgabe vor, die ihr gemeinsam lösen solltet. Und sein Küster Hervé sollte das Ganze dann unauffällig überwachen.“

Hervé trat gerade aus der Kirche und ergänzte: „Das war schon lustig: Ich habe mir den Kopf zerbrochen, suchte nach einer Idee. Ihr vier solltet den Eindruck haben, ohne jede Hilfe von Erwachsenen etwas auszukundschaften. Das war gar nicht so einfach! Wir befürchteten, dass ihr so ein künstliches Abenteuer schnell durchschauen würdet. Aber dann ist der kleine Border Collie am Vortag eurer Ankunft verloren gegangen. Und ihr habt euch spontan gemeinsam auf die Suche gemacht. Wozu so ein Zufall doch manchmal gut sein kann.“

„Zufall oder Vorsehung, Hervé!“, meinte der Pfarrer, der sich gerade zu ihnen gesellt hatte.

„Natürlich.“

„Aber gut“, sagte Nicolas und schaute zum Himmel. „Es klart auf. Ich wette, dass heute Nachmittag die Sonne scheint. Wie sieht euer Programm für die Klasse aus?“

„Wir fahren zum Schullandheim, ziehen die Skisachen an und packen unseren Proviant in die Rucksäcke“, erwiderte Frau Laurin. „Und dann geht es auf die Piste.“

Die Ankündigung rief allgemeine Begeisterung hervor.

„Dürfte ich euch vielleicht begleiten?“, fragte Nicolas. „Gabriel hat angedroht, am Ende der Woche besser Ski fahren zu können als ich. Das macht mir etwas Angst, gebe ich zu. Ich müsste ein bisschen an meiner Kondition arbeiten!“

Er stupste seinen Patensohn wohlwollend an.

Zwei Stunden später waren die Klassen auf der Piste. Dicht hintereinander fuhren sie, angefeuert von ihren Lehrerinnen und Skilehrern, in schönen Kurven bergab. Die Anfänger hatten in den zwei Tagen Fortschritte gemacht und alle genossen mit riesengroßem Spaß den frisch gefallenen Schnee.

„Sehr gut!“, lobte eine Skilehrerin, die die Abfahrten etwas weiter talabwärts beaufsichtigte. Sie vertrat den Skilehrer vom Vortag, kannte deshalb die Klassen noch nicht, war jedoch sehr angetan von den Schülern.

Als sie jetzt wieder nach oben schaute, runzelte sie die Stirn und sagte zu Frau Laurin, die neben ihr stand: „Wer sind diese Spaßvögel da oben, die sich nicht an die Vorschriften halten? Die in einer Gruppe fahren, anstatt wie die anderen hintereinander? Und der Mann, der sie begleitet, ist doch kein Skilehrer, oder?“

„Nein, er fährt nur heute ausnahmsweise mit uns“, erwiderte die Lehrerin.

„Aha, hm“, brummelte die Skilehrerin erstaunt und beschloss, über den Verstoß hinwegzusehen.

„Oh! Da ist ja ein Junge auf einem Bi-Ski dabei ... der beherrscht das aber, meine Güte!“, rief sie bewundernd aus.

Diese Fünfer-Gruppe war wirklich sehr undiszipliniert. Die Skifahrer redeten während ihrer perfekten Slaloms ständig miteinander und kamen sich dabei gefährlich nahe.

Jetzt wurde es der Skilehrerin doch zu bunt!

„Hey, ihr da!“, schrie sie ihnen aus voller Kehle entgegen. „Einer nach dem anderen, habe ich gesagt! Jeder für sich allein, nicht alle durcheinander, habt ihr mich verstanden?“

Frau Laurin lächelte. „Nicht alle durcheinander, das ist richtig, aber alle miteinander!“, sagte sie leise.

Die Skilehrerin schaute sie verständnislos an.

„Fragen Sie die Kinder! Sie werden es Ihnen sicher erklären.“